Data
Science

【実践Data Science シリーズ】

Pythonではじめる

Kaggle
スタートブック

石原祥太郎
村田秀樹 著

講談社

はじめに

本書の特徴

　本書は，プログラミング言語の「Python」[1] を用いて機械学習コンペティション（コンペ）の「Kaggle」[2] に取り組む入門書です．初学者向けチュートリアルの「Titanic : Machine Learning from Disaster」コンペ[3]（Titanic）を題材に Kaggle の基礎を学びます．単に Titanic の実践方法を知るだけでなく，次なるコンペにご自身の力で取り組むために必要な知見の習得を意識しています．

　本書の特徴として，特に次の 6 つが挙げられます．

> 1　Kaggle 入門に特化した，チュートリアル形式の書籍である
>
> 2　章や節単位で具体的な話題が設定され，体系的かつ段階的に汎用的な知見を学ぶ構成になっている
>
> 3　次なるコンペに進むための道標（みちしるべ）として，複数テーブル・画像データ・テキストデータの扱い方も解説している
>
> 4　筆者 2 人ともに「Kaggle Master」の称号をもち，賞金獲得経験がある《5-1》
>
> 5　地の文での解説だけでなく筆者 2 人の対談も随所に盛り込み，多角的に Kaggle の魅力を語っている
>
> 6　プログラミングや Python の初学者のために，サンプルコードも丁寧に解説している

　筆者 2 人は，ともに Kaggle の入門コンテンツを作成した経験があります．

　筆者（石原）は 2019 年 3 月，「Qiita」[4] というエンジニア向けの記事共有サイトに Kaggle 入門記事「Kaggle に登録したら次にやること〜これだけやれば十分闘える！Titanic の先へ行く入門 10 Kernel〜」[5] を公開しました．同記事は 1600 いいねを超え，Qiita の「Kaggle」タグが付与された記

[1]　Welcome to Python.org
　　　https://www.python.org/ (Accessed: 30 November 2019).

[2]　Kaggle: Your Home for Data Science
　　　https://www.kaggle.com/ (Accessed: 30 November 2019).

[3]　Titanic: Machine Learning from Disaster
　　　https://www.kaggle.com/c/titanic (Accessed: 30 November 2019).

《5-1》第 1 刷出版後の 2022 年 5 月，村田は「Kaggle Grandmaster」に昇格しました．

[4]　Qiita
　　　https://qiita.com/ (Accessed: 30 November 2019).

[5]　Kaggle に登録したら次にやること 〜 これだけやれば十分闘える！Titanic の先へ行く入門 10 Kernel 〜
　　　https://qiita.com/upura/items/3c10ff6fed4e7c3d70f0 (Accessed: 30 November 2019).

事の中で最大のいいね数となっています[6].

　筆者（村田）は2018年4月に『Kaggleのチュートリアル』[7] を出版しました．コンテンツ共有サイト「note」などで販売した同書は，累計2500部以上を売り上げています．

　本書はこの2つのコンテンツを土台に，さらなる内容も盛り込みながら**「初学者向けのKaggle入門書の決定版」**を目指して執筆しました．

　筆者（石原）は事業会社のデータサイエンティストとして，筆者（村田）は「専業Kaggler」《5-2》として，日ごろから機械学習などのデータサイエンスを活用しています．これらの経験も踏まえて，Kaggleを楽しみながら，実践的かつ汎用的な知見を学べるような構成を心掛けています．

　本書の記述内容は，特に断りがなければ，執筆時点の2019年11月の情報に基づいています．Kaggleのウェブサイトの構成については，2020年2月の変更に対応しています．

本書の対象読者

　本書の対象読者として，次のような方々を想定しています．

1　Kaggleに興味はあるが，どこから手をつけて良いか困っている方
2　手探りでやった経験はあるが，体系的にKaggleを学びたい方
3　機械学習の概要を手を動かしながら学びたい方
4　Pythonや機械学習にはある程度習熟しているが，Kaggleには初めて取り組む方

　特に1や2のような方々が，主な対象読者です．

　本書では，章や節単位で段階的にKaggleに関するエッセンスを学びます．Titanicという具体的な題材に取り組みながら，体系的な知見を深める狙いがあります．

　初学者の方には「機械学習が分からない」「Pythonが分からない」「Kaggleの仕組みが理解できない」「英語で書かれていて取っつきにくい」など，さまざまな障壁が存在し得るでしょう．

　本書では，本編でKaggleに必要な知識を最低限説明しつつ，個々人が適宜参照できるよう付録や補足を豊富に掲載しました．例えば付録として，本書のサンプルコードを詳細に解説しています．随所に「note」という補足も差し込み，英語で書かれたKaggleのWebページを解説するコンテンツなどを用意しています．

　本書では，Kaggleや機械学習に関する前提知識を要求しません．Kaggleは自分でプログラミングをして，ゲームのように競いながら機械学習を学べる場です．3のような方々に向けた，学習の取っ掛かりの教材としてもお勧めできます．

　本編は150ページ程度で，比較的手軽に読み切れる分量です．4のような方々は，本編のみを読む

---

[6]　Kaggle - Qiita
　　　https://qiita.com/tags/kaggle (Accessed: 30 November 2019).
[7]　村田秀樹，『Kaggleのチュートリアル』
　　　https://note.mu/currypurin/n/nf390914c721e (Accessed: 30 November 2019).
《5-2》専業Kagglerとしての活動は2020年5月に終了しています．

ことで，効率良くKaggleの仕組みを把握できるでしょう．

読者の皆さまの知識や経験に応じて，活用してもらえればと考えています．

本書の構成

本書は大きく分けて，1〜4章の本編と，付録で構成されます．

1章では，Kaggleの概要を学びます．最初に「Kaggleとは何か」を，Kaggleで求められる機械学習の概論とともに説明します．Kaggleへの登録やログイン方法，環境構築が不要な分析環境の使い方も紹介します．

2章では，Titanicに取り組みます．本章は8つの節からなり，少しずつスコアを上げていきながらKaggleのエッセンスを勉強しましょう．

3章では「Titanicの先へ行く」と題して，Titanicでは登場しないKaggleの要素を紹介します．後に自分の力で開催中のコンペに参加するための指針の役目を果たします．本章は3つの節からなり，それぞれ複数テーブル・画像データ・テキストデータの扱い方を学びます．

4章では本編の締め括りとして，本書を読み終えた後に必要となりそうな情報を紹介します．初学者にお勧めのコンペの選び方や戦い方を説明し，分析環境に関する情報や，お勧めの資料なども掲載しています．

付録として，本書のサンプルコードも詳細に解説します．プログラミングやPythonの初学者を想定し，変数・リストなどのプログラミングの基礎的な内容も取り扱います．

サンプルコード

本書のサンプルコードは，以下の「GitHub」[8]に掲載しています．GitHubはエンジニアを中心に，広くソースコードなどの共有に利用されているサイトです．

https://github.com/upura/python-kaggle-start-book

同様のサンプルコードは，Kaggle上にもアップロードしています．詳細については，GitHubをご確認ください．

サンプルコードは，Pythonの3.6というバージョンで動作確認しています[5-3]．

Pythonの実行環境としては「Docker」[9]を利用しました．Kaggleが提供している分析環境と同等の仮想環境を，自分のパソコン上に構築可能です．環境構築の方法については，1.5節で解説します．

Kaggle提供の分析環境は随時更新されていますが，今回は「v68」というタグのついたバージョン

---

[8]　GitHub
　　http://github.com (Accessed: 30 November 2019).

《5-3》第5刷出版に合わせて，Python 3.10 に対応したサンプルコードを追加公開しました．

[9]　Docker: Enterprise Container Platform
　　https://www.docker.com/ (Accessed: 30 November 2019).

を採用しました[10]．主なパッケージのバージョンは次の通りです．

- lightgbm==2.3.0
- matplotlib==3.0.3
- numpy==1.16.4
- pandas==0.25.2
- scikit-learn==0.21.3

筆者の紹介

石原　祥太郎（u++）

- Kaggle Master (https://kaggle.com/sishihara)．
- 2019年4月に「PetFinder.my Adoption Prediction」コンペ[11]で優勝．
- 2019年12月には「Kaggle Days Tokyo」[12]でのコンペ開催にも携わる．
- 2019年3月に公開したQiitaのKaggle入門記事は1600いいねを達成[5]．
- 日本経済新聞社でデータ分析に従事[13]．

村田　秀樹（カレー）

- Kaggle Master (https://kaggle.com/currypurin)．
- 2018年8月に「Santander Value Prediction Challenge」コンペ[14]でソロゴールドメダル獲得（8位）．
- 2019年6月に「LANL Earthquake Prediction」コンペ[15]で3位入賞．
- Kaggle入門者のために書いた同人誌の『Kaggleのチュートリアル』[7]は累計2500部を突破．

[10] Container Registry - Google Cloud Platform
https://console.cloud.google.com/gcr/images/kaggle-images/GLOBAL/python (Accessed: 30 November 2019).
[11] PetFinder.my Adoption Prediction
https://www.kaggle.com/c/petfinder-adoption-prediction (Accessed: 30 November 2019).
[12] Kaggle Days Tokyo
https://www.kaggle.com/c/kaggle-days-tokyo(Accessed: 11 Match 2024) .
[13] 機械学習を用いた日経電子版Proのユーザ分析 データドリブンチームの知られざる取り組み
https://logmi.jp/tech/articles/321077 (Accessed: 30 November 2019).
[14] Santander Value Prediction Challenge
https://www.kaggle.com/c/santander-value-prediction-challenge (Accessed: 30 November 2019).
[15] LANL Earthquake Prediction
https://www.kaggle.com/c/LANL-Earthquake-Prediction (Accessed: 30 November 2019).

目次

はじめに 3
　本書の特徴 3
　本書の対象読者 4
　本書の構成 5
　サンプルコード 5
　筆者の紹介 6

第 1 章　Kaggle を知る　　　　　　　　　　　　　　　　　　11

1.1　Kaggle とは 13
　　note　メダルと称号の獲得条件 14
　　note　Kaggle 以外の機械学習コンペ 16
1.2　Kaggle で用いる機械学習 17
　　note　機械学習の「教師なし学習」と「強化学習」 19
1.3　Kaggle のアカウントの作成 20
　　note　ログイン後のトップページ 21
1.4　Competitions ページの概要 22
　　note　コンペのルール 23
　　note　Overview 24
　　note　Team 26
1.5　環境構築不要な「Notebooks」の使い方 27
　　1.5.1　Notebook の作成 27
　　1.5.2　ソースコードの実行 28
　　1.5.3　公開されている Notebook の利用方法 31
　　　note　自分のパソコンに Notebooks 環境を再現 31
1.6　第 1 章のまとめ 34
　【対談①】Kaggle を始めたきっかけ、良かったこと 35

第 2 章　Titanic に取り組む　　　　　　　　　　　　　　　　39

2.1　まずは submit！　順位表に載ってみよう 41
　　note　Leaderboard 45

> note ◀ csv ファイルを直接アップロードして submit 46
> note ◀ KaggleAPI を利用して submit 47
【対談②】submit の楽しさ 49

2.2 全体像を把握！　submit までの処理の流れを見てみよう 51
2.2.1 パッケージの読み込み 51
2.2.2 データの読み込み 52
2.2.3 特徴量エンジニアリング 53
> note ◀ 特徴量の標準化 54
> note ◀ 欠損値の補完 55
> note ◀ train と test の結合 55
2.2.4 機械学習アルゴリズムの学習・予測 56
2.2.5 submit 56
【対談③】「ベンチマーク」を作る 57

2.3 次の一手を見い出す！　探索的データ分析をしてみよう 59
2.3.1 Pandas Profiling で概要を確認する 60
> note ◀ Pandas Profiling の実行時間 60
> note ◀ カテゴリ変数の特徴量エンジニアリング 62
2.3.2 各特徴量について目的変数との関係を確認する 68
【対談④】単なる「可視化」ではない 74

2.4 ここで差がつく！　仮説に基づいて新しい特徴量を作ってみよう 76
2.4.1 再現性の大切さ 76
2.4.2 仮説から新しい特徴量を作る 77
2.4.3 特徴量エンジニアリングの技法を学ぶ 79
【対談⑤】特徴量エンジニアリングが勝負を決める 80

2.5 勾配ブースティングが最強?!
いろいろな機械学習アルゴリズムを使ってみよう 82
2.5.1 sklearn 82
2.5.2 LightGBM 83
2.5.3 その他の機械学習アルゴリズム 86
【対談⑥】機械学習アルゴリズムの選び方 87

2.6 機械学習アルゴリズムのお気持ち?!　ハイパーパラメータを調整してみよう ...89
2.6.1 手動で調整 89
2.6.2 Optuna を使う 91
【対談⑦】自己流のハイパーパラメータ調整のやり方 94

2.7 submit のその前に！　「Cross Validation」の大切さを知ろう 95
2.7.1 submit 時のスコアで検証してはいけないのか? 95
2.7.2 ホールドアウト検証 96
2.7.3 Cross Validation（交差検証） 96
2.7.4 データセットの分割方法 99
【対談⑧】「Trust CV」 105

2.8 三人寄れば文殊の知恵！　アンサンブルを体験しよう 107
    2.8.1 三人寄れば文殊の知恵 107
    2.8.2 Titanic での実験 109
        note　Titanic の特殊性 111
    【対談⑨】黒魔術．チームマージ 112

2.9 第 2 章のまとめ 114

第 3 章　**Titanic の先に行く**　　　　　　　　　　　　　　　　　　　**115**

3.1 複数テーブルを扱う 117
    3.1.1 テーブルを結合する 118
    【対談⑩】現実世界のデータ分析 121

3.2 画像データを扱う 122
    3.2.1 画像データを扱うコンペの概要 123
    3.2.2 テーブルデータと共通する・異なる部分 127
    【対談⑪】画像コンペ体験談 131

3.3 テキストデータを扱う 132
    3.3.1 テキストデータを扱うコンペの概要 132
    3.3.2 テーブルデータと共通する・異なる部分 132
        note　日本語版 Wikipedia で学習した Word2vec 138
    【対談⑫】NLP コンペ体験談 139

3.4 第 3 章のまとめ 140

第 4 章　**さらなる学びのために**　　　　　　　　　　　　　　　　　**141**

4.1 参加するコンペの選び方 143
    4.1.1 メダルの有無 143
    4.1.2 コンペで扱うデータ 144
    4.1.3 開催期間 144
    4.1.4 Code Competitions 145

4.2 初学者にお勧めの戦い方 146
        note　Kaggle ranking 1 位の方の戦い方 146
    4.2.1 概要やルールの確認 146
    4.2.2 データの確認 147
        note　Notebooks ページの概要 148
    4.2.3 ベンチマークの作成 149
    4.2.4 ベンチマークの改善 149

> **note** ◀ Discussion ページの概要 151

4.2.5 アンサンブルなどでスコアの上積みを狙う 151

4.3 **分析環境の選択肢** **152**

4.3.1 Kaggle の Notebooks 環境のメリット・デメリット 152

4.3.2 自分のパソコンのメリット・デメリット 152

> **note** ◀ 購入したパソコン 153

4.3.3 クラウドのメリット・デメリット 153

> **note** ◀ クラウドの使い方の情報源 154

4.4 **お勧めの資料・文献・リンク** **155**

4.4.1 kaggler-ja slack 155

4.4.2 kaggler-ja wiki 155

4.4.3 門脇大輔ら,『Kaggle で勝つデータ分析の技術』, 技術評論社, 2019 156

4.4.4 Kaggle Tokyo Meetup の資料・動画 156

4.5 **第 4 章のまとめ** **157**

【対談⑬】Kaggle で勝つために. 今後の目標 158

付録 Ⓐ サンプルコード詳細解説 161

A.1 **第 2 章 Titanic に取り組む** **163**

A.1.1 2.1 まずは submit! 順位表に載ってみよう 163

A.1.2 2.2 全体像を把握! submit までの処理の流れを見てみよう 163

A.1.3 2.3 次の一手を見い出す! 探索的データ分析をしてみよう 167

A.1.4 2.4 ここで差がつく! 仮説に基づいて新しい特徴量を作ってみよう ... 170

A.1.5 2.5 勾配ブースティングが最強?!
いろいろな機械学習アルゴリズムを使ってみよう 170

A.1.6 2.6 機械学習アルゴリズムのお気持ち?!
ハイパーパラメータを調整してみよう 172

A.1.7 2.7 submit のその前に!「Cross Validation」の大切さを知ろう 174

A.1.8 2.8 三人寄れば文殊の知恵! アンサンブルを体験しよう 178

A.2 **第 3 章 Titanic の先に行く** **180**

A.2.1 3.1 複数テーブルを扱う 180

A.2.2 3.2 画像データを扱う 182

A.2.3 3.3 テキストデータを扱う 185

おわりに 189

索　引 190

1

Kaggle を知る

本章では，Kaggleの概要を学びます．最初にKaggleの仕組みを述べ，求められる機械学習の問題設定についても簡単に説明します．Kaggleへの登録やログイン方法，環境構築が不要な分析環境の使い方も紹介します．

本章の内容

- 1.1 Kaggle とは
- 1.2 Kaggle で用いる機械学習
- 1.3 Kaggle のアカウントの作成
- 1.4 Competitions ページの概要
- 1.5 環境構築不要な「Notebooks」の使い方
- 1.6 第 1 章のまとめ

1.1

Kaggle とは

Kaggleは，データサイエンティストや機械学習エンジニアのためのオンラインコミュニティです．Kaggleでは，常に複数のコンペが開催され，世界中の多くの参加者が機械学習モデルの性能を競い合っています．プログラミング言語の「Python」や「R」が実行できる「Notebooks」という環境も提供されています．ソースコードの公開や議論も活発で，初学者から上級者までのすべての人が，機械学習を学ぶのに適したプラットフォームとなっています．Kaggleのコンペの概要は図1.1の通りで，次のような流れになっています．図1.1は参考文献[16]を参考に作成しました．

1　企業などがデータと賞金を提供し，Kaggle にコンペの開催を依頼．Kaggle はコンペを開催する
2　参加者は，データを分析し予測結果を submit（提出）する．予測結果は自動的に採点されスコアが表示される
3　コンペの期間中（期間は 2 〜 3 カ月のコンペが多い），参加者は何度も予測結果を submit してスコアを確認できる
4　コンペ終了後，スコアに基づく順位がつき，上位者には賞金とメダルが付与される
5　メダルを一定数獲得すると，上位の称号を獲得できる

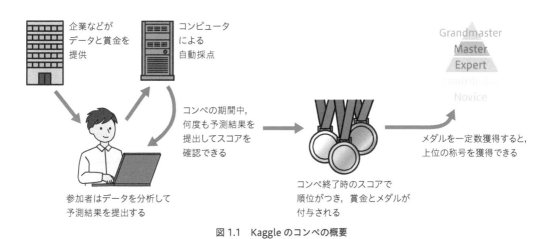

企業などがデータと賞金を提供

コンピュータによる自動採点

コンペの期間中，何度も予測結果を提出してスコアを確認できる

メダルを一定数獲得すると，上位の称号を獲得できる

参加者はデータを分析して予測結果を提出する

コンペ終了時のスコアで順位がつき，賞金とメダルが付与される

Grandmaster
Master
Expert
Contributor
Novice

図 1.1　Kaggle のコンペの概要

[16] Kaggleで描く成長戦略 〜個人編・組織編〜，
https://www2.slideshare.net/HaradaKei/devsumi-2018summer (Accessed: 24 December 2020).

コンペの参加者は自分でデータを用意する必要がなく，上位になると賞金がもらえ，下位であろうと罰則は一切ありません．自分のsubmitが採点されて順位が表示されるのはネットゲームのように楽しく，少しでも順位を上げたいというモチベーションをもって機械学習を楽しく学ぶことができます．

アカウント作成時は「Novice」（初学者）という称号ですが，特定のコンペでメダルを獲得し一定の枚数集めると，Expert，Master，Grandmasterという上位の称号を獲得できます．この称号も，コンペで上位を目指すモチベーションとなります．

note　メダルと称号の獲得条件

Kaggleのメダルの対象となるコンペで，上位に入るとメダルを獲得できます．メダルを獲得できる順位はコンペの参加チーム数に応じて変動し，図1.2の通りです[17]．

	0〜99 チーム	100〜249 チーム	250〜999 チーム	1000 チーム〜
銅メダル	上位 40%	上位 40%	上位 100 チーム	上位 10%
銀メダル	上位 20%	上位 20%	上位 50 チーム	上位 5%
金メダル	上位 10%	上位 10 チーム	上位 10 チーム +0.2%	上位 10 チーム +0.2%

図 1.2　参加チーム数とメダルが与えられる順位の関係

金メダルの条件にある「上位10チーム+0.2%」の0.2%というのは，500チームごとに金メダルが与えられるチーム数が1増えるという意味です．例えば，1000チーム参加のコンペでは上位12チーム，2000チーム参加のコンペでは上位14チームに金メダルが付与されます．

一定数のメダルを揃えると称号を獲得でき，獲得条件は図1.3の通りです[17]．

称号	称号の獲得条件
Grandmaster	金メダル 5 個，うち 1 つはソロ（個人）での獲得
Master	金メダル 1 個，銀メダル 2 個
Expert	銅メダル 2 個
Contributor	プロフィールの完成など（詳細は下に記載）
Novice	Kaggle に登録

図 1.3　Competitions（コンペ）の各称号の獲得条件

Contributorの条件は次の通りです．

> プロフィールへのbio（自己紹介），居住地域，職業，所属組織の追加
>
> アカウントのSMS認証
>
> スクリプトの実行
>
> コンペでのsubmit
>
> NotebooksまたはDiscussionでのコメントとupvote（いいね）の実施

Contributorになるためには，メダル獲得が必要ありません．条件を満たすことで，すぐにでも称号獲得が可能です．

そのため，最初に獲得を目指す称号は，Expertとなるでしょう．Expertの条件は，銅メダル以上のメダルを2枚獲得となっています．

その次の称号は，Masterです．金メダルの獲得が条件に含まれる難易度の高い称号で，獲得者は世界でも2021年9月時点で1600人程度となっています．

Kaggleの最高位の称号は，Grandmasterです．5枚の金メダルの獲得に加え，うち1枚は「ソロ」（個人）という，獲得がとても難しい称号となっています．この称号の獲得者は，世界でも2021年9月時点で230人程度です．

ここでは，Competitionsの称号を説明しましたが，この他にもNotebooks，Discussion，Datasetsの称号があります．それぞれの概要は次の通りです．

> Notebooksの称号は，公開したNotebookへのupvote数に基づいて得られるメダルを，一定数集めることで獲得できる
>
> Discussionの称号は，投稿したコメントへのupvote数に基づいて得られるメダルを，一定数集めることで獲得できる
>
> Datasetsの称号は，公開したDatasetへのupvote数に基づいて得られるメダルを，一定数集めることで獲得できる

詳しくは，公式のページ[17]や筆者（村田）のブログ記事[18]を参照してください．

---

[17] Kaggle Progression System
https://www.kaggle.com/progression （Accessed: 30 November 2019）.

[18] KaggleのGrandmasterやmasterの条件や人数について調べたので，詳細に書きとめます．
http://www.currypurin.com/entry/2018/02/21/011316 （Accessed: 30 November 2019）.

Kaggle 以外の機械学習コンペ

　Kaggle 以外にも機械学習コンペを開催するプラットフォームはいくつか存在します．

　例えば「SIGNATE」[19] は日本最大級のデータサイエンティストらのオンラインコミュニティです．国内の企業・官公庁・研究機関がコンペを開催しています．サイト内の記述が日本語なので，Kaggle に比べて初学者の方も取り組みやすい側面があります．

　オンラインではなく，土日などに参加者が実際に会場などに集まって開催する形式のコンペも存在します．最近は多くの企業がこういった「オフラインコンペ」を開催しており，特に採用目的で学生が対象のイベントも目立っています．

　本書では国際的に最も存在感の大きい Kaggle を題材としていますが，参加する機械学習コンペの選択肢として幅広く認知しておくと良いでしょう．

---

[19] SIGNATE
https://signate.jp/ (Accessed: 30 November 2019).

1.2

Kaggleで用いる機械学習

Kaggleで競うのは，機械学習モデルの性能です．本節では，Kaggleで求められる機械学習の概論を解説します．

機械学習とは「コンピュータにヒトのような学習能力を獲得させるための技術の総称」です[20]．近年大きな注目を集めている「人工知能（AI）」技術の中の一分野として位置づけられます．

機械学習は，学習方法によって大きく3つに分類できます．Kaggleでは主に，1つ目の「教師あり学習」に関する課題が設定されることが多いです．

　　　教師あり学習
　　　教師なし学習
　　　強化学習

教師あり学習とは，コンピュータに問題と答えの対をいくつか教えることで，教わっていない問題にも正しく回答できる汎化能力をコンピュータに獲得させる手法です[20]．大雑把に表現すると図1.4のように，問題（X_train）と答え（y_train）の対応関係を学習し，教わっていない問題（X_test）に対応する値（y_test）を当てる枠組みです．

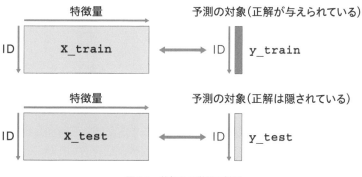

図 1.4　教師あり学習の概要

[20]　杉山将，『イラストで学ぶ　機械学習』，講談社，2013

　この技術は日常のさまざまな場面で活用されています．例えば，迷惑メールの判定です．この判定に教師あり学習を用いる場合，過去の「メールの情報（文面・送信アドレスなど）」と「それが迷惑メールかどうか」というデータが利用できます．これらのデータで学習させることで，新しく届いたメールが迷惑メールか否かを判定できる仕組みです．

　問題と答えの対から対応関係を学習するために，さまざまな手法（機械学習アルゴリズム）が提唱されています（図1.5）．近年飛躍的な進歩を遂げている「深層学習（ディープラーニング）」は，機械学習アルゴリズムの1つに当たります．

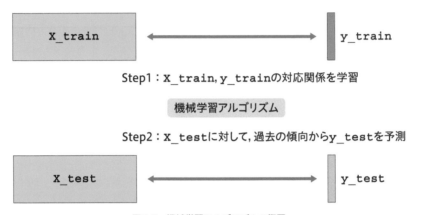

図 1.5　機械学習アルゴリズムの概要

　Kaggleでは次のような情報が提供されます．参加者は教師あり学習を用いて，可能な限り性能の高い予測を試みるという枠組みになっています．

- 解くべき課題
- 課題の評価方法
- 学習用のデータセット（問題X_trainと，答えy_train）
- 性能を評価するデータセット（問題X_testのみ）

　Titanicの場合，解くべき課題は「Titanic号の乗客ごとの生存の予測」，課題の評価方法は「正解率」です．データセットとしては「乗客に関する情報（氏名・性別・チケット種別など）」が与えられています．

> **note** 機械学習の「教師なし学習」と「強化学習」

機械学習の残り2つの分類に当たる「教師なし学習」と「強化学習」については，簡単に紹介します．

■ 教師なし学習

教師なし学習は，答えの分かっていないデータの集合から，有益な知識を獲得しようとする手法です[20]．世の中には答え（正解ラベル）のないデータのほうが圧倒的に多く，実務では教師なし学習を用いることも多いです．具体的な手法としては「クラスタリング」などが挙げられます．

■ 強化学習

教師あり学習と同じく，未知のデータに対応する能力をコンピュータに獲得させることが目標となる手法です．答えを直接教える代わりに，予測した答えの良さを評価し，評価が最も高まるように学習を進めていきます[20]．

応用例としては，ロボットの自動制御やコンピュータゲームなどがあります．明確な答え（正解データ）を与えづらい場合などに，有用となる手法です．

例えば，囲碁で「とある盤面で何を打つのが正解」かを言い切るのは，その後の展開の選択肢も多く難しいです．しかし「とある手を打ったら勝った／負けた」という最終的な評価をもとに「どのような盤面ではどういう手を打つのが良い」という戦略を学ぶことは可能です．強化学習ではこのような考え方で，答えではなく予測した答えの良さを教えることで学習を進める仕組みになっています．

1.3

Kaggle のアカウントの作成

本節では，Kaggle でのアカウントの作成方法を説明します．
Kaggle のトップページにアクセスしてください（図1.6）．

```
https://www.kaggle.com/
```

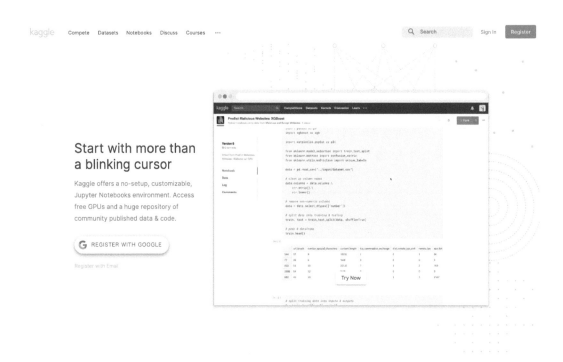

図1.6　Kaggle のトップページ（ログイン前）

アカウントの作成には，Google のアカウントまたはメールアドレスが必要です．Google のアカウントを用いる場合は「REGISTER WITH GOOGLE」から，メールアドレスを用いる場合は「Register with Email」からアカウントを作成できます．

アカウント作成時に入力する「Username」は，Kaggle のプロフィールページの URL などにも使われる ID です．後から変更できないので，良く考えて登録しましょう．

note　ログイン後のトップページ

Kaggleにログインしトップページへアクセスすると，図1.7のような画面が表示されます[5-4]．

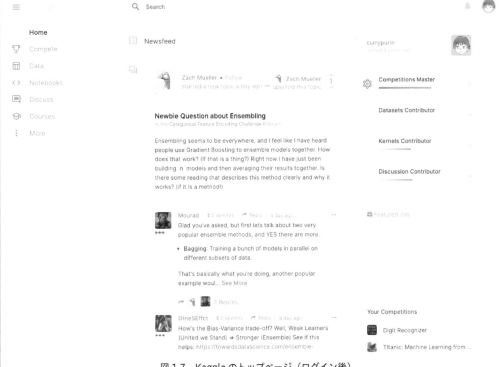

図1.7　Kaggle のトップページ（ログイン後）

「Newsfeed」には，自分がfollowしているユーザが公開したNotebookやDiscussionなど，ユーザごとにカスタマイズされた情報が流れてきます．

　右側の自分のIDとアイコンの箇所には，次の称号獲得までの進捗が表示され，右端をクリックすると次の称号を獲得する条件が表示されます．

　その下の「Your Competitions」「Your Datasets」「Your Notebooks」には，それぞれ自分が参加しているコンペ，自分のデータセット，Notebookが表示されます．

《5-4》ウェブサイトの構成は定期的に変化しています．「Notebooks」は「Code」という名称に変更されました．以後「Notebooks」は「Code」に置き換えてください．

1.4

Competitionsページの概要

トップページの左にある「Competitions」からコンペの一覧に進みましょう（図1.8）．

Digit Recognizer
Learn computer vision fundamentals with the famous MNIST data
Getting Started · Ongoing · 2373 Teams

Knowledge

Titanic: Machine Learning from Disaster
Start here! Predict survival on the Titanic and get familiar with ML basics
Getting Started · Ongoing · 16342 Teams

Knowledge

House Prices: Advanced Regression Techniques
Predict sales prices and practice feature engineering, RFs, and gradient boosting
Getting Started · Ongoing · 4744 Teams

Knowledge

図1.8 Competitions ページ

「Competitions」は，開催中のコンペと終了したコンペの一覧です．コンペのタイトルや参加チーム数などが表示されます．この一覧から，本書で扱うTitanicに進みましょう．

コンペに参加するためには，右上の「Join Competition」のボタンをクリックします（図1.9）．

すると，ルールに同意するかを聞かれる次の画面が表示されます（図1.10）．「Rules」の記載内容を確認し，同意する場合は「I Understand and Accept」をクリックします．

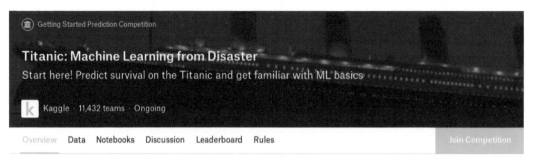

図1.9 ルール同意前の表示

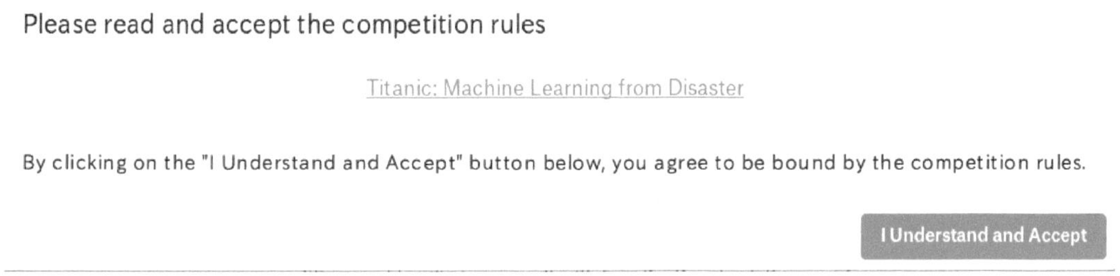

Please read and accept the competition rules

Titanic: Machine Learning from Disaster

By clicking on the "I Understand and Accept" button below, you agree to be bound by the competition rules.

I Understand and Accept

図 1.10　ルールへの同意画面

---

note　コンペのルール

Titanic は「Getting Started Prediction Competition」という種類のコンペです.

これは, Kaggle に初めて取り組む人向けのコンペということで, 特殊な位置づけです. ルールも, 例えば1日当たりの submit 回数の上限が大きめに設定されています.

通常のコンペだと, 次のようなルールが一般的です.

1人1アカウントで, 複数アカウントからの submit 禁止
「Private Sharing」は禁止されており, チーム外の者とソースコードなどを共有できない
submit 回数の上限が設定されている (2 〜 5回までのコンペが多い)
チームの最大人数が設定されている (最近は5人までのコンペが多い)
チームマージをするときは, 全員の submit 数の合計が「1日の最大 submit 数 × コンペ開始からの日数」以内である必要がある

コンペごとに, ルールは異なります. コンペに参加するときは必ずルールを確認してから同意しましょう.

ルールに同意すると, 次の表示となります (図1.11). それぞれのタブには, 表1.1に示すコンテンツがあります.

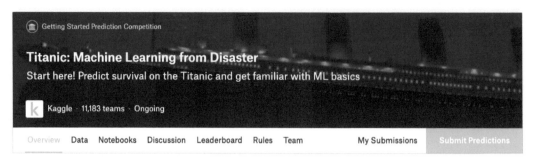

図 1.11　ルール同意後の表示

表 1.1　コンペのページのコンテンツ

項目	コンテンツ
Overview	コンペの概要，評価指標，メダル対象か否かなどの説明
Data	コンペのデータの説明
Notebooks	公開Notebookの一覧，Notebookの作成
Discussion	コンペの掲示板
Leaderboard	コンペの順位表
Rules	コンペのルール
Team	チーム名の変更やチームマージリクエストの作成，承認
My Submissions	自分のsubmit結果の一覧
Submit Predictions	自分のパソコンなどで作成したcsvファイルのsubmit

note

Overview

Overviewには，コンペの概要や評価指標などが表示されます．コンペに参加する際に知っておいたほうが良い項目が多くあり，最初に確認すると良いでしょう．

■ Description

Descriptionには，コンペの目的や主催者の問題意識などが記載されます．コンペに取り組むに当たり，コンペの主催者が何を解決するために開催するかということは，良いモデルを作るためにも理解が必須の事項となります．

■ Evaluation

Evaluationには，評価指標とsubmitするcsvファイルの形式が記載されています．
どのような評価指標でスコアがつけられるかやsubmitするcsvファイルの形式はコンペごとに異なります．そのため，このページを確認し，評価指標に応じたモデルとcsvファイルを作成する必要があります．コンペによってはcsvではないファイル形式が指定される場合もあります．

■ Timeline

Timeline には，次の期限などが表示されます．

Entry deadline
 ルールの同意期限で，コンペに参加するにはこの日までにルールに同意する必要がある
Team merger deadline
 チームマージの期限で，Final submission deadline の 1 週間前に設定されることが多い
Final submission deadline
 submit の最終期限

タイムゾーンの記載は UTC（協定世界時）の場合が多いです．UTC から日本時間（JST）への変換には 9 時間を加える必要があります．例えば，UTC で 24 時が期限と書かれている場合は，日本時間では翌日の 9 時が期限となります．

■ Prizes

Prizes には，入賞チーム数と，賞金額が記載されています．

Titanic は，Kaggle に初めて取り組む人向けのコンペという位置づけで，Timeline と Prizes はなく，Tutorials と Frequently Asked Questions という項目があります．

Team

Team では，チーム名の設定や，チームメンバーの閲覧とチームリーダーの設定，チームメンバーの招待，招待中のリクエストの閲覧，招待されているリクエストの閲覧をすることができます（図1.12）．

Manage Team

Team Name

| currypurin | Save Team Name |

This name will appear on your team's leaderboard position.

Team Members

currypurin (you)   Leader

Invite Others

Merge with other teams or invite users to your team by their team name

Team Name

Request Merge

Pending Merge Requests

You currently have no pending merge requests.

Teams Proposing a Merge

There are currently no teams proposing a merge with yours.

図 1.12　Team ページ

1.5 環境構築不要な「Notebooks」の使い方

Kaggleでは，PythonやRをブラウザ上で動かすことができるNotebooks環境が用意されています．機械学習で用いられるさまざまなパッケージがあらかじめインストールされており，初学者がつまずきやすい環境構築をする必要ありません．

GPUも使用可能で，一般的なノートパソコン以上の性能が自由に使える環境が整っています．

1.5.1 Notebook の作成

Notebookを新たに作るには，Notebooksタブを選択した後，「New Notebook」をクリックします．すると，図1.13のように言語とタイプを選ぶ画面となります（図1.13の画面は2021年9月時点では廃止されています．「New Notebook」をクリックすると図1.14の画面に遷移します）．

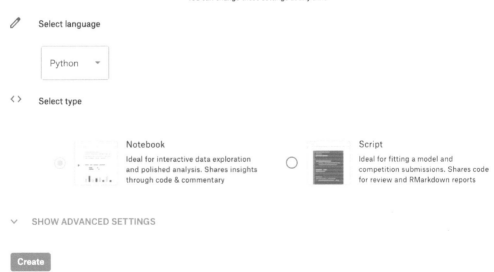

図 1.13 Notebook の言語とタイプの選択

本書ではPythonとNotebookを用いるので，初期設定のまま「Create」をクリックします．

　Notebookが作成され，図1.14のような画面が表示されます．上部の「Draft Session」「HDD」「CPU」「RAM」の箇所をクリックすると，それぞれNotebook使用開始からの時間，Diskの使用量，CPU使用率，メモリの使用量が表示されます．この範囲内であれば，自由に使うことができます．

　右下の「Settings」《5-5》には，このNotebookの設定が表示され，設定の変更が可能です．Settingsでの主な設定項目は表1.2の通りです．

図 1.14　Notebook の作業画面

表 1.2　Settings での主な設定項目

項目	コンテンツ
Sharing	Notebookの公開設定．自分だけが閲覧可能な「Private」，全体に公開する「Public」から選択可能
Language	Notebookで使用するプログラミング言語を選択．PythonとRから選択可能
Internet	インターネットの接続可否．可にするとパッケージのインストールなどインターネットを必要とする処理が可能になる
Accelerator	GPU・TPU使用の有無を選択可能

1.5.2　ソースコードの実行

　NotebookでPythonのソースコードを動かしてみましょう．Notebookは「セル」という単位でソースコードを記載し，セルごとにソースコードを実行できます．

　ソースコードを実行するには，セルの左側にある三角形をクリックします．セルをアクティブにして「Shiftキー ＋ Enterキー」というキーボードショートカットを用いても実行できます．

《5-5》「Notebook options」という名称に変更されています．

あらかじめ記載があるソースコードを実行してみましょう.

このソースコードは「/kaggle/input」にあるファイルを表示します.「gender_submission.csv」「test.csv」「train.csv」の3つのcsvファイルが表示されました(図1.15).

```python
# This Python 3 environment comes with many helpful analytics libraries installed
# It is defined by the kaggle/python docker image: https://github.com/kaggle/docker-python
# For example, here's several helpful packages to load in

import numpy as np # linear algebra
import pandas as pd # data processing, CSV file I/O (e.g. pd.read_csv)

# Input data files are available in the "../input/" directory.
# For example, running this (by clicking run or pressing Shift+Enter) will list all files under the input direct

import os
for dirname, _, filenames in os.walk('/kaggle/input'):
    for filename in filenames:
        print(os.path.join(dirname, filename))

# Any results you write to the current directory are saved as output.
```

```
/kaggle/input/titanic/gender_submission.csv
/kaggle/input/titanic/test.csv
/kaggle/input/titanic/train.csv
```

図 1.15 ファイルの表示

新しくセルを作るには「+Code」または「+Markdown」をクリックします(図1.16).「+Code」をクリックすると,ソースコードを記述するセルが追加されます.「+Markdown」をクリックすると,説明文などをテキストで記載するセルが追加されます.

```
+ Code          + Markdown
```

図 1.16 Code セル,Markdown セルの追加

「+Code」をクリックして新しくセルを作成し,図1.17のように「!pwd」と入力してみましょう.

```
!pwd
```

```
/kaggle/working
```

図 1.17 作業ディレクトリの表示

これは,現在の作業ディレクトリを表示するコマンドで「/kaggle/working」と表示されました.

Titanicの場合，図1.18のようなディレクトリ構成になっています．

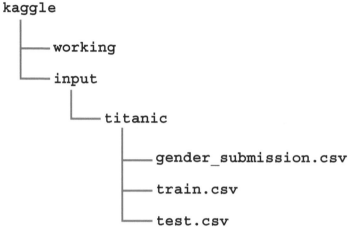

図 1.18 Titanic のディレクトリ構成

　現在の作業ディレクトリから「/kaggle/input/titanic/train.csv」を読み込む際は，次のソースコードとなります．「../」というのは1階層上のディレクトリという意味です．

```
1: pd.read_csv('../input/titanic/train.csv')
```

　このソースコードを実行すると，学習用データセットであるtrain.csvのデータが読み込まれます．
　次に，新しくCodeセルを作成し「1+2」と入力し実行してみましょう．計算結果の「3」が表示されます（図1.19）．
　このように，Notebookはセルという単位でソースコードを実行できます．結果を確認しながらソースコードを書いていくことができるため，初学者でも扱いやすいツールとなっています．

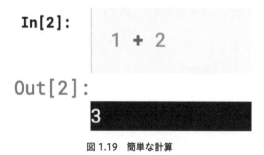

図 1.19 簡単な計算

1.5.3　公開されている Notebook の利用方法

　Kaggleでは，他人が公開したNotebookを複製して，自分のNotebookとして利用可能です．ここでは本書のサンプルコードとして公開されているNotebookを使ってみましょう．

　まず，2.1節で取り組むNotebookにアクセスしてください．

　右上の「Copy and Edit」をクリックすると，編集画面に遷移します．この時点ですでに元のNotebookとは別物なので，自分の好き勝手に編集して問題ありません．

　2章以降，この方法を用いることで，Notebooks環境を使ってサンプルコードを実行できます．ぜひ自分で手を動かしながら読み進めてみてください．

---

note　自分のパソコンに Notebooks 環境を再現

　ここでは，Notebooks環境ではなく，自分のパソコンを利用する場合の環境構築の方法を紹介します．「はじめに」で触れたDockerを用いて，Notebooks環境と同等の仮想環境を，自分のパソコン上に構築します．

　Kaggleからは話が逸れる少々発展的な内容のため，ターミナルでの基本操作が可能な方を想定しています．

　具体的な手順は次の通りです．

1　Docker のインストール
2　GitHub のサンプルコードのダウンロード
3　仮想環境の起動
4　「localhost」へのアクセス

■ **Dockerのインストール**

　仮想環境を構築するためには，Dockerのインストールが必要です．パソコンのOSを確認の上，対応するアプリケーションをインストールしておきましょう．

　例えばmacOSの場合は，次のURLに詳細が記載されています．

```
https://docs.docker.com/docker-for-mac/install/
```

■ **GitHubのサンプルコードのダウンロード**

　サンプルコードを掲載しているGitHubのページにアクセスすると，右上の辺りに「Clone or download」というボタンがあります．こちらから，サンプルコードを自分のパソコンにダウンロードしてください．

■ 仮想環境の起動

ダウンロードしたディレクトリ内の, docker-compose.yml《5-6》が存在する階層に移動しましょう.

ここで次の Docker《5-7》のコマンドを実行すると, 必要なデータがダウンロードされ, 仮想環境が起動します. 初回実行時は数10ギガバイトものデータがダウンロードされるので, 必ず自宅の Wi-Fi 環境などで実行しましょう.

```
docker-compose up --build
```

■「localhost」にアクセスする

起動完了時, ターミナルには図1.20のような文言が表示されます.

```
jupyter_1  |    Copy/paste this URL into your browser when you connect for the first time,
jupyter_1  |    to login with a token:
jupyter_1  |        http://c641028c4724:8888/?token=491c624381d890ee421201798bd934a42b364d53b429121e&toke
n=491c624381d890ee421201798bd934a42b364d53b429121e
```

図 1.20　起動完了時のターミナル

このURLの「c641028c4724」の部分を「localhost」に書き換えた上で, ブラウザに打ち込んでください. 今回の場合, 次のようなURLを入力することになります.

```
http://localhost:8888/?token=491c624381d890ee421201798bd934a42b364d53b42912
1e&token=491c624381d890ee421201798bd934a42b364d53b429121e
```

図1.21のように, ブラウザ上で自分のパソコンのディレクトリを操作できるようになります. 後は任意のファイルを開いて, Notebooks環境のように利用できます.

《5-6》バージョン更新で「compose.yml」というファイル名が推奨されています.

《5-7》バージョン更新で「docker-compose」ではなく「docker compose」というコマンドに変更されています.

① localhost:8888/tree

Jupyter

| Files | Running | Clusters |

Select items to perform actions on them.

▢ 0 ▾ 📁 /

▢ 📁 ch02

▢ 📁 ch03

▢ 📁 input

▢ 📄 docker-compose.yml

▢ 📄 Dockerfile

▢ 📄 README.md

図1.21　ブラウザでの表示

1.6

第 1 章のまとめ

本章では、Kaggle の概要を説明しました。具体的には、次のような内容を学びました。

- ☐ Kaggle の問題設定（機械学習の教師あり学習の概論）
- ☐ Kaggle への登録やログイン方法
- ☐ 環境構築が不要な分析環境「Notebooks」の使い方

対談① Kaggle を始めたきっかけ、良かったこと

そもそもカレーさんがKaggleを知ったきっかけって何だったんですか？

私は小さいころからやりたかった競馬の予測が機械学習ができることを知って，取り組んだのですが，データを集めるのが難しくて挫折しまして．そのときに，友達に「Kaggleという，データを集めるのが不要で，機械学習が学べるサイトがある」と教えてもらい，始めました．2017年の秋ごろだった思います．

このように，データ分析の勉強を始めたのは，競馬の予測をしたかったという動機なのですが，Kaggleをやっているうちに機械学習の面白さにすっかりハマってしまいました．いまでは，多くの時間をKaggleや機械学習の勉強に費やしています．

私は2018年のゴールデンウィークに始めました．機械学習は大学でも少し学んでいてKaggle自体は前々から認知しており，まとまった時間で取り組もうと思い立ちました．Titanicはチュートリアル的な存在として，submitの仕組みとかを学ぶのに使いましたね．

私はTitanicでsubmitをするのにも，機械学習の初学者だったことと，いまと違ってネットにKaggleの情報が少なかったこともあり，かなり時間がかかってしまいました．英語・機械学習・Kaggleのサイトの使い方と，3つも慣れないことを同時にやらないといけないのは大変で．

そういう事情もあり，Titanicのコンペだけでも，初めての人がスムーズに取り組めるよう『Kaggleのチュートリアル』[7]という同人誌を2018年4月に公開しました．Titanicのコンペだけを丁寧に説明し，submitしてもらうという本です．

日本語のまとまった情報が少ないという課題意識は私ももっていて，2019年3月にQiitaにKaggleの入門記事を公開しました．個人的にはTitanicも良いですが，メダルが獲得できる開催中のコンペに参加してこそ，歴戦の猛者たちと切磋琢磨でき，学びや楽しみも大きいのではないかと感じています．TitanicでKaggleのtipsを学びつつ，次なるコンペに参加するための土台作りができるコンテンツが必要なのではないかと考えました．

この記事は，自分が競技プログラミングの「AtCoder」[21]を始める際に読んだ「AtCoderに登録したら次にやること〜これだけ解けば十分闘える！過去問精選10問〜」[22]という記事に影響を受けています．持論ですが，勉強の類いはある程度基礎を学んだ段階で実践に飛び込み，自分の力不足を肌で感じながら必要な知識を学んでいくのが効率的だと思っています．初学者が「Kaggleに何となく興味ある」状態から「実際のコンペに参加できる」状態になれるような内容を目指してみました．

私も「実践に飛び込んで，力不足を肌で感じながら必要な知識を学ぶのが効率的」というのは，本当にそう思います．私の同人誌は Titanic に特化していることもあり「本を読んだ後に開催中のコンペに参加してみたが，何をやって良いか分からなかったので続かなかった」という感想も多くもらっています．なので「Titanic をやってみた」と「実際のコンペに参加できる」との間には大きなギャップがあると感じていて，u++ さんの記事はそのギャップを埋められる，求められている記事だと思いました．

合う合わないは人によると思いますが，私自身「Kaggle は単純に面白い」ので，興味がある方には一度取り組んでみてほしいですね．自分は，世界中の方々と一喜一憂できるネットゲームという感覚で取り組んでいます．副産物として，メダルや称号の形でデータサイエンティストとしての一種の力が評価されるのも嬉しいですね．

そうなんですよね．面白いので時間を忘れてハマってしまいます．初学者でも世界のトップクラスのデータサイエンティストと真剣勝負ができるコンペってすごいですよね．トップクラスの方も含め多くの方が積極的にソースコードを公開しているので，とても勉強になります．

Notebooks や Discussion は知見の塊ですね．私は事業会社でデータサイエンティストをしていますが，Kaggle で学んだことを業務に活かすことも少なくありません．
私は過去に「TalkingData AdTracking Fraud Detection Challenge」[23] や「Santander Value Prediction Challenge」[14] というコンペで，ソロメダルを獲得しました．その際にも Notebooks や Discussion の情報を大いに参考にして取り組んでいました．個人的な感覚では，公開されている情報を丁寧に追っていけば，銅メダルが手の届く範囲にあると思っています．

私は初コンペの「Santander Value Prediction Challenge」[14] で幸運にもソロゴールド（金メダル）を取ることできました．

カレーさんは，公開情報を中心に取り組んでの金メダルだったんですよね？

Discussion で議論されていた有効な手法を深掘りし，良い Notebook をアレンジして，その 2 つを合わせることで金メダルとなりました．一部のデータの答えがデータ内にあるという意味の「リーク」があり，その「リーク」の影響が大きい特殊なコンペではありましたが，初学者でも公開されている情報を丁寧に追っていけば，金メダルがとれることもあるという体験になりました．

それぞれの参加者が積極的に解法を開示する雰囲気があり，コンペ終了後の学びが深いのも素晴らしいですよね．有志の方が開催しているオフラインのイベントも，とても楽しいです．

コンペ終了後に開催したコンペの反省会では，多くのKagglerとお会いできました．それまで，Kaggleをやっている方とあまり話したことがなかったので，Kaggleについていろいろと話すことができて，Kagglerの考え方みたいなのを初めて知りました．本当にKaggleに真摯に取り組んでいるんだなという印象で．

反省会ではカレーさんとも初めてお会いできましたね．当時はまさか2人で本を書くことになるとは思っていませんでした．

［7］　村田秀樹，『Kaggleのチュートリアル』
　　　https://note.mu/currypurin/n/nf390914c721e (Accessed: 30 November 2019).

［14］　Santander Value Prediction Challenge
　　　https://www.kaggle.com/c/santander-value-prediction-challenge (Accessed: 30 November 2019).

［21］　AtCoder：競技プログラミングコンテストを開催する国内最大のサイト
　　　https://atcoder.jp/ (Accessed: 30 November 2019).

［22］　AtCoder に登録したら次にやること 〜 これだけ解けば十分闘える！過去問精選 10 問 〜
　　　https://qiita.com/drken/items/fd4e5e3630d0f5859067 (Accessed: 30 November 2019).

［23］　TalkingData AdTracking Fraud Detection Challenge
　　　https://www.kaggle.com/c/talkingdata-adtracking-fraud-detection (Accessed: 30 November 2019).

Titanic に取り組む

本章では，実際に Titanic に取り組み，機械学習を用いた予測モデルを構築します．少しずつスコアを上げていきながら，Kaggle のエッセンスを勉強していきましょう．

本章の内容

- 2.1 まずは submit ！ 順位表に載ってみよう
- 2.2 全体像を把握！ submit までの処理の流れを見てみよう
- 2.3 次の一手を見い出す！ 探索的データ分析をしてみよう
- 2.4 ここで差がつく！ 仮説に基づいて新しい特徴量を作ってみよう
- 2.5 勾配ブースティングが最強？！ いろいろな機械学習アルゴリズムを使ってみよう
- 2.6 機械学習アルゴリズムのお気持ち？！ ハイパーパラメータを調整してみよう
- 2.7 submit のその前に！ 「Cross Validation」の大切さを知ろう
- 2.8 三人寄れば文殊の知恵！ アンサンブルを体験しよう
- 2.9 第 2 章のまとめ

2.1節でLeaderboardに載り，2.2節では最初のサンプルコードの流れを確認します．次いで2.3節では，与えられたデータの概要を把握します．その後2.4〜2.8節で，Kaggleのエッセンスを少しずつ学びながら，徐々にスコアを上げていきましょう．

本章に対応するサンプルコードは「はじめに」で紹介したGitHubで公開しています．各節の内容がそれぞれの1つのファイルにまとまっており，例えば2.1節で利用するファイルはch02_01.ipynbです．本書の付録では，サンプルコードの詳細な解説を付与しています．

2.1 まずは submit ！ 順位表に載ってみよう

ここでは，Kaggle での submit の方法を学びます．

Kaggle では，次の方法で自分が作成した機械学習モデルの予測結果を submit できます．

　　Kaggle の Notebook 経由

　　csv ファイルを直接アップロード

　　Kaggle API [24] を利用

　今回は，Kaggle の Notebook 経由で submit してみましょう．Kaggle 上にアップロードしている 2.1 節のサンプルコードを開き，Copy and Edit してください．

　この Notebook にはいろいろなセルが含まれていますが，いったんは何も考えずに右上の「Save Version」をクリックし，遷移したページで右下の「Save」をクリックしてみてください．

　図 2.1 のような画面が立ち上がり，Notebook 全体が実行されます．ここには実行された Notebook の情報が表示されています．Notebook は Save するごとに，自動的にバージョンが管理されます．

---

[24]　Kaggle API
　　　https://github.com/Kaggle/kaggle-api (Accessed: 30 November 2019).

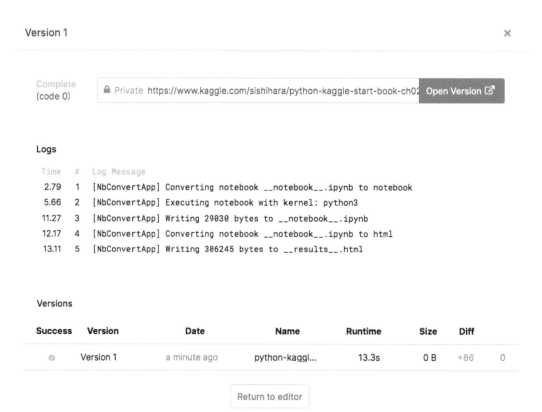

図 2.1　実行完了後の画面

Save した Notebook の処理が終了すると，図 2.2 のように実行結果が確認できます．

図 2.2　Save 後の Notebook

　右の「Output」タブ《5-8》をクリックすると図2.3のように，このバージョンのNotebookでの予測結果が「submission.csv」というファイルで保存されています．

図 2.3　Output タブ

　「Submit to Competition」《5-9》をクリックすると，このファイルがsubmitされます．スコアが計算され，今回の場合は「0.67464」という値が算出されています（図2.4）．

《5-8》「Output」タブの位置は上部に変更されています．
《5-9》「Submit」に変更されています．

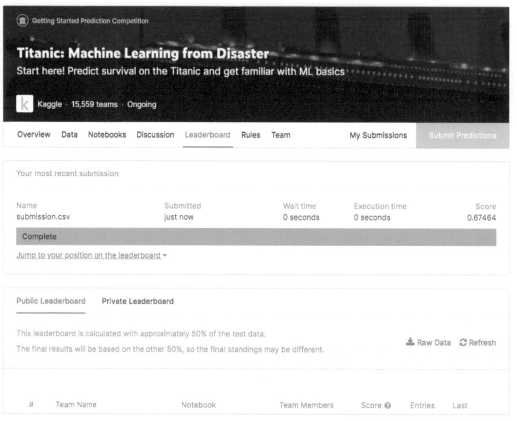

図 2.4　submit 結果

無事にスコアがついたので，Leaderboard にも自分のアカウントが登場しました（図2.5）．

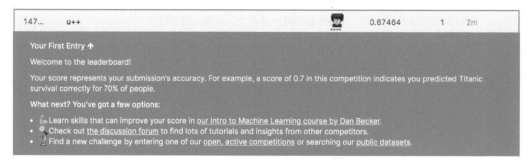

図 2.5　submit 後の Leaderboard

ここでは，Notebook 経由で submit する方法を学びました．

Leaderboard

Kaggleの順位表は「Leaderboard」と呼ばれ，Public Leaderboard と Private Leaderboard の2つに分かれています．Leaderboardは「LB」とも略されます．

コンペ開催期間中から確認できるPublic LBはテストデータの一部で計算したスコアのLeaderboardであり，最終的な順位とは無関係です．

Private LBは，最終順位となるLeaderboardです．このスコアは，Public LBのスコアに使われるテストデータとは別のテストデータで計算され，コンペ終了後にのみ確認できます．

Kaggleでは，Public LBのスコアを気にし過ぎず，Private LBのスコアに使われるデータのスコアが高いモデルを作る必要があるといえます．

Public LB と Private LB に使われるテストデータの割合は，コンペによって異なります．図2.6のように表示されるコンペの場合には，テストデータの50%がPublic LBのスコア，残りの50%のデータがPrivate LBのスコアを算出するために使われます．

Public Leaderboard	**Private Leaderboard**					

This leaderboard is calculated with approximately 50% of the test data.
The final results will be based on the other 50%, so the final standings may be different.　　　　　　⬇ Raw Data　⟳ Refresh

#	Team Name	Notebook	Team Members	Score ⓘ	Entries	Last

図 2.6　Leaderboard ページ

Kaggleでは，最終順位に反映されるsubmitを，「My Submissions」タブで表示される自分のsubmitの一覧から2つまで選択可能です．図2.7のように「Use for Final Score」にチェックをつけたsubmitのみが，最終順位の算出（Private LBのスコア）に使われます．

185 submissions for currypurin　　　　　　　　　　　　　Sort by　Most recent ▾

All　Successful　Selected

Submission and Description	Public Score	Use for Final Score
Fork of titanicデータをLightGBM推論 ver2 **(version 2/2)** 25 days ago by currypurin メモを記載可能	0.75598	☑
Fork of titanicデータをLightGBM推論 ver2 **(version 1/2)** 25 days ago by currypurin cv:81.69	0.75119	☐

図 2.7　My Submissions ページ

note
csv ファイルを直接アップロードして submit

　Kaggle の Notebooks 環境以外で作った csv ファイルは，「Submit Predictions」タブから submit できます（図2.8）．

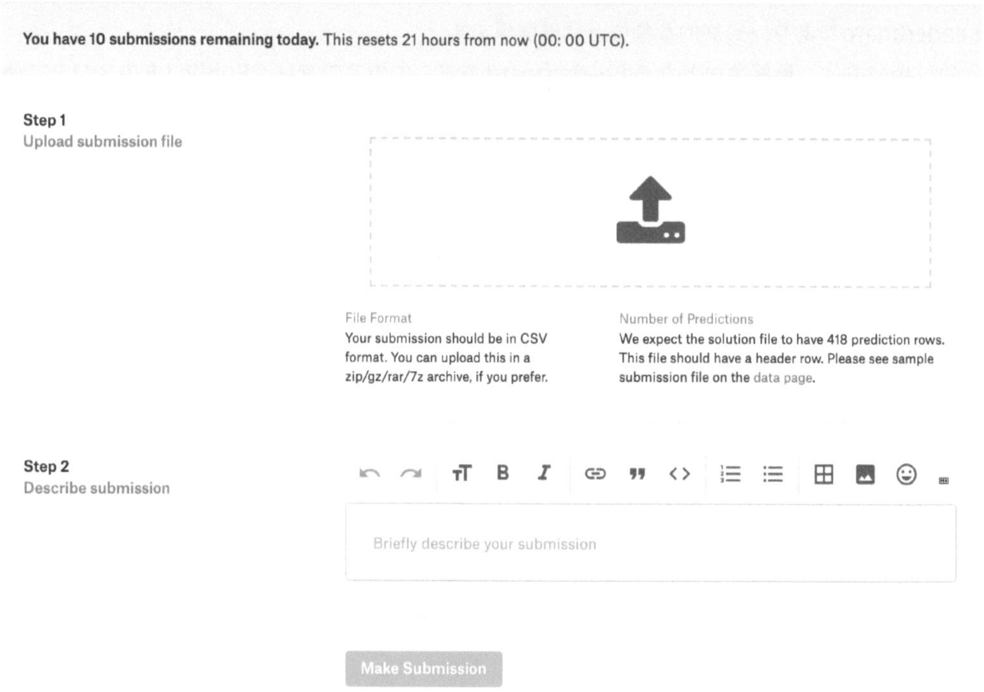

You have 10 submissions remaining today. This resets 21 hours from now (00: 00 UTC).

Step 1
Upload submission file

File Format
Your submission should be in CSV format. You can upload this in a zip/gz/rar/7z archive, if you prefer.

Number of Predictions
We expect the solution file to have 418 prediction rows. This file should have a header row. Please see sample submission file on the data page.

Step 2
Describe submission

Briefly describe your submission

Make Submission

図 2.8　Submit Predictions ページ

このタブから submit する手順は次の通りです．

1　「Step 1」の右側にあるボタンから，csv ファイルをアップロードする
2　必要に応じて「Step 2」と書いてある右側のセルに submit の説明を入力する
3　「Make Submission」ボタン[5-10] をクリックする

《5-10》「Submit」に変更されています．

> note
>
> ## Kaggle API を利用して submit
>
> 　Kaggle API[24]という，Kaggle公式のAPIが公開されています．このAPIを使うことで，KaggleのWebページを介さずにsubmitすることが可能です．
> 　ここでは，Kaggle APIのインストール・初期設定とTitanicにsubmitする方法を紹介します．
>
> ### ■ インストール・初期設定
> 　次のコマンドでKaggle APIをインストールします．
>
> ```
> pip install kaggle
> ```
>
> 　pipは，Pythonの標準的なパッケージ管理システムです．パッケージのインストール，アンインストール，アップデートなどを実行できます．
> 　次に自分のAccountのページ（https://www.kaggle.com/<自分のユーザネーム>/account）に移動しましょう．図2.9のAPIの箇所にある「Create New API Token」をクリックし，「kaggle.json」をダウンロードします． 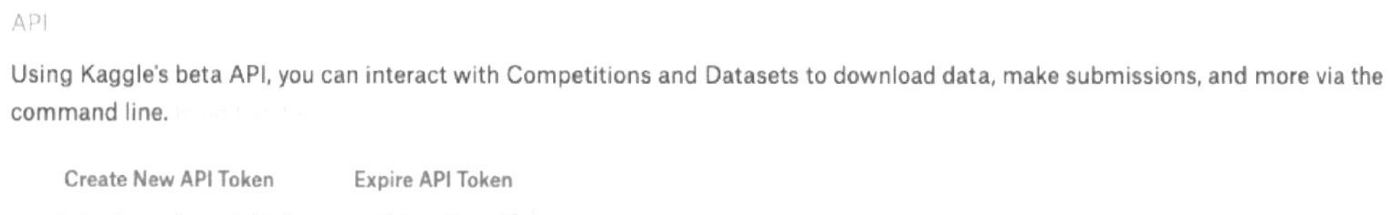
>
> API
>
> Using Kaggle's beta API, you can interact with Competitions and Datasets to download data, make submissions, and more via the command line.
>
> Create New API Token　　　Expire API Token
>
> 図 2.9　Kaggle API のトークンの取得
>
> 　このjsonファイルが，認証用のトークンになっており，利用しているOSに応じて次のディレクトリに配置します．
>
> 　　Linux，macOS: 「~/.kaggle/kaggle.json」
> 　　Windows: 「C:\Users\<Windows-username>\.kaggle\kaggle.json」
>
> 　最後に自分だけが，読み取りと書き込みができるように権限を設定します．LinuxやmacOSの場合は，ターミナルから次のコマンドで設定が可能です．
>
> ```
> chmod 600 ~/.kaggle/kaggle.json
> ```
>
> 　これで，Kaggle APIの初期設定が終わりました．

■ Submit

submit するコマンドは，各コンペの「My Submissions」タブに記載があります．

Titanic の場合は，「kaggle competitions submit -c titanic -f <submit ファイルのパス> -m "<メッセージ>"」というコマンドとなります（図2.10）．メッセージは「My submissions」に表示される自分の submit を説明するメモで，自由に記入してかまいません．

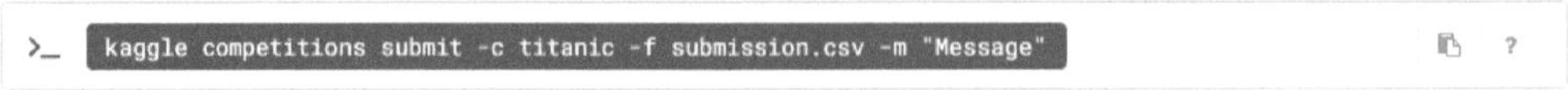

```
>_   kaggle competitions submit -c titanic -f submission.csv -m "Message"        ?
```

図 2.10　Kaggle API での submit コマンド

以上が Kaggle API で submit する手順です．

その他，Kaggle API には，次の機能などがあります．

- コンペ一覧の取得
- コンペのデータセットのダウンロード
- Kaggle Datasets のダウンロード・作成・更新
- Notebook のアップロード・ダウンロード

詳しくは，公式ページ[24]や筆者（村田）のブログ記事[25]を参照してください．

---

[25]　kaggle-api という Kaggle 公式の api の使い方をまとめます
　　http://www.currypurin.com/entry/2018/kaggle-api (Accessed: 30 November 2019).

対談② submit の楽しさ

 Leaderboardに載って一喜一憂するのがKaggleの楽しい部分ですよね．スクショを twitterに貼ってみたり．

 そうですねー，twitterに貼って，知り合いのKagglerと競うのはとても楽しいです．

 取りあえずいったんsubmitしてLeaderboardに載ると，やる気も出てきますね．し ばらく放置しておくとズルズルと順位が落ちていくので，焦燥感も出てきます．一度も submitしていない状態とは全然違う気がするので，「まず1サブ」は初学者の人ほどお勧 めですね．

 submitすると，スコアが表示されるまでやや時間があって，その間ワクワクして待つの が楽しいです．

 Kaggleが裏側でスコアを計算している時間ですよね．何度体験してもドキドキしますし， 良いスコアが出ると興奮してパソコンの前でガッツポーズしてしまうこともあります．

 「こうしたらスコアが上がるのでは」と考えて，実際にスコアが改善したときは，自分の 仮説が当たったという意味でも快感です．

 Kaggleでは1日のsubmit回数に制限がありますが，submitして基本的に損はないので， 積極的に試行錯誤したほうが良いかなと思ってます．デメリットがあるとしたら，チー ムマージするときくらいですね．チームメンバー全員のsubmit数の合計が一定回数に収 まる必要があるので，チームを組む場合には気にする必要があるかもしれません．

 とはいえ，submitしてもスコアは改善しないほうが多いかもです（笑）．

 それはそうですね．Kagglerの間には「全部やる」という言葉もあります．機械学習には さまざまな技法がありますが，実際に効果があるかはデータセットや課題次第です．「頭 であれこれ議論するだけではなく，手も動かして全通りを確認しよう」という意味だと理 解しているのですが，その辺りを身にしみて実感できるのはKaggleの魅力の1つですね．

他の人の解法を読むにしても，自分で手を動かして一度は submit したほうが学びが深い
と思っています．前提となるデータ仕様やコンペの特徴とかをつかんでおくことで，理
解度が全然違う印象があります．

すごく分かります．本を読むときなども同じように感じることがあって，一度動かした
ことがある技法だと，イメージをつかみやすくて，理解度が格段に上がる印象です．

2.2
全体像を把握！ submitまでの 処理の流れを見てみよう

ここでは，2.1節ではいったん無視したNotebookの処理の流れを具体的に見ていきます．ぜひ，実際に一番上からセルを実行しながら読み進めてみてください．

具体的な処理の流れは，次のようになっています．

1 パッケージの読み込み
2 データの読み込み
3 特徴量エンジニアリング
4 機械学習アルゴリズムの学習・予測
5 submit

2.2.1 パッケージの読み込み

```
1: import numpy as np
2: import pandas as pd
```

まずは，以降の処理で利用する「パッケージ」をimportします．パッケージをimportすることで，標準では搭載されていない便利な機能を拡張して利用できます．

例えばここでimportするNumPy[26]は数値計算に秀でたパッケージで，Pandas[27]はTitanicのようなテーブル形式のデータ（テーブルデータ）を扱いやすいパッケージです．

ここでは，最初に必要な2つのパッケージをimportしています．importはどこで実施してもかまいません．一般に冒頭でのimportが望ましいですが，本書のサンプルコードでは分かりやすさを優先し，利用の直前などにimportする場合があります．

[26] NumPy
https://numpy.org/ (Accessed: 30 November 2019).

[27] Pandas
https://pandas.pydata.org/ (Accessed: 30 November 2019).

2.2.2　データの読み込み

ここでは，Kaggleから提供されたデータを読み込みます．

まずはどういうデータが用意されているかを確認しましょう．詳細はKaggleのTitanicのページの「Data」タブに記載されています．

```
1: train = pd.read_csv('../input/titanic/train.csv')
2: test = pd.read_csv('../input/titanic/test.csv')
3: gender_submission = pd.read_csv('../input/titanic/gender_submission.csv')
```

- 「gender_submission.csv」は，submit用のcsvファイルのサンプルです．このファイルで求められる形式を確認できます．仮の予測として，女性のみが生存する（Survivedが1）という値が設定されています．
- 「train.csv」は機械学習の学習用のデータです．これらのデータについてはTitanic号の乗客の性別・年齢などの属性情報と，その乗客に対応する生存したか否かの情報（Survived）が格納されています．
- 「test.csv」は，予測を実施するデータです．これらのデータについてはTitanic号の乗客の性別・年齢などの属性情報のみが格納されており，学習用データの情報をもとに予測値を算出することになります．「train.csv」と比較すると，Survivedという列が存在しないことが分かります．

図2.11は，Titanicで提供された大元のデータです．

	PassengerId	Pclass	Name	Sex	Age	SibSp	Parch	Ticket	Fare	Cabin	Embarked
0	892	3	Kelly, Mr. James	male	34.5	0	0	330911	7.8292	NaN	Q
1	893	3	Wilkes, Mrs. James (Ellen Needs)	female	47.0	1	0	363272	7.0000	NaN	S
2	894	2	Myles, Mr. Thomas Francis	male	62.0	0	0	240276	9.6875	NaN	Q
3	895	3	Wirz, Mr. Albert	male	27.0	0	0	315154	8.6625	NaN	S
4	896	3	Hirvonen, Mrs. Alexander (Helga E Lindqvist)	female	22.0	1	1	3101298	12.2875	NaN	S

図 2.11　Titanic で提供されているデータ

例えばNameやSexなどは文字列で格納されており，そのままでは機械学習アルゴリズムの入力にすることはできません．機械学習アルゴリズムが扱える数値の形式に変換していく必要があります．

NaNというのは，データの欠損です．こうした欠損値は，一部の機械学習アルゴリズムではそのまま扱うこともできますが，平均値や中央値など代表的な値で穴埋めする場合もあります．

2.2.3　特徴量エンジニアリング

次のような処理を「特徴量エンジニアリング」と呼びます．

　　読み込んだデータを機械学習アルゴリズムが扱える形に変換
　　既存のデータから，機械学習アルゴリズムが予測する上で有用な新しい特徴量を作成

前者について，例えばSexの「male」と「female」をそれぞれ0と1に変換します．

```
1: data = pd.concat([train, test], sort=False)
2: data['Sex'].replace(['male', 'female'], [0, 1], inplace=True)
```

欠損値を穴埋めする処理も行います．例えばFareについては，平均値で補完しています．

```
1: data['Fare'].fillna(np.mean(data['Fare']), inplace=True)
```

後者については，2.4節で詳しく掘り下げていきます．
図2.12は特徴量エンジニアリングのイメージです．

大元のデータ

PassengerIdが1の乗客 →
PassengerIdが2の乗客 →

	PassengerId	Survived	Pclass	Name	Sex	Age	SibSp	Parch	Ticket	Fare	Cabin	Embarked
0	1	0	3	Braund, Mr. Owen Harris	male	22.0	1	0	A/5 21171	7.2500	NaN	S
1	2	1	1	Cumings, Mrs. John Bradley (Florence Briggs Th...	female	38.0	1	0	PC 17599	71.2833	C85	C
2	3	1	3	Heikkinen, Miss. Laina	female	26.0	0	0	STON/O2. 3101282	7.9250	NaN	S
3	4	1	1	Futrelle, Mrs. Jacques Heath (Lily May Peel)	female	35.0	1	0	113803	53.1000	C123	S
4	5	0	3	Allen, Mr. William Henry	male	35.0	0	0	373450	8.0500	NaN	S

・数値に変換したり欠損を埋めたり
・既存データから新しい列を作ったり

特徴量エンジニアリング後のデータ

PassengerIdが1の乗客 →
PassengerIdが2の乗客 →

	Age	Embarked	Fare	Pclass	Sex
0	22.0	0	7.2500	3	0
1	38.0	1	71.2833	1	1
2	26.0	0	7.9250	3	1
3	35.0	0	53.1000	1	1
4	35.0	0	8.0500	3	0

図2.12　特徴量エンジニアリングの概要

特徴量エンジニアリング後のデータを，より一般化して表現したのが図2.13です．

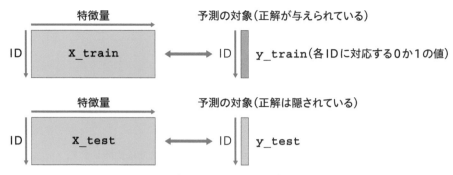

図 2.13　特徴量エンジニアリング後のデータ

　大元のデータから特徴量エンジニアリングを経て，機械学習アルゴリズムに投入できる「X_train」「y_train」「X_test」というデータセットが得られました．

---

note　特徴量の標準化

　Titanicの場合，例えばSexは0か1のみの値しかとりませんが，Ageは最大で80の値も存在します．

　本節で機械学習アルゴリズムとして採用しているロジスティック回帰では，各特徴量がとる値の範囲が異なると学習がうまく進まない場合があります．このような問題に対応するべく，通常は各特徴量がとる値の範囲を調整することが多いです．

　良く利用されるのは「標準化」と呼ばれる処理で，各特徴量の平均を0，標準偏差を1に変換します．標準偏差は，データのばらつき具合を意味します．実装としてはsklearn.preprocessing.StandardScaler()[28]が利用可能です．

　ただし近年のKaggleでテーブルデータを扱う場合，標準化などの特徴量の変換の影響を受けづらい機械学習アルゴリズムの利用率が高くなっています．2.5節でロジスティック回帰に代えて利用する「ランダムフォレスト」[29]や「LightGBM」[30]などが該当します．

　本書では最終的にLightGBMを機械学習アルゴリズムとして採用します．そのためここでは，意図的に特徴量を標準化する処理を実行せずに話を進めていきます．

---

[28] sklearn.preprocessing.StandardScaler
https://scikit-learn.org/stable/modules/generated/sklearn.preprocessing.StandardScaler.html (Accessed: 30 November 2019).

[29] sklearn.ensemble.RandomForestClassifier
https://scikit-learn.org/stable/modules/generated/sklearn.ensemble.RandomForestClassifier.html (Accessed: 30 November 2019).

[30] LightGBM
https://lightgbm.readthedocs.io/en/latest/ (Accessed: 30 November 2019).

note
欠損値の補完

ここでは欠損値を何らかの値で補完しましたが，本書で最終的に利用する LightGBM など一部の機械学習アルゴリズムでは，欠損値をそのまま扱うことが可能です．欠損値は，欠損していること自体に何らかの意味をもつ場合があり，やみくもに欠損値を補完してしまうのは得策ではありません．

欠損値の扱いに関しては，次のような方法が考えられます．状況に応じて，さまざまな方法を試してみましょう．

　欠損値としてそのまま扱う
　代表的な値で欠損値を補完する
　他の特徴量から欠損値を予測して補完する
　欠損値か否かの情報を用いて新しい特徴量を作る

note
train と test の結合

本節ではデータを加工する前に，train.csv を読み込んだ train と，test.csv を読み込んだ test を縦方向に結合しました．

```
1: data = pd.concat([train, test], sort=False)
```

この結合には，次のような利点があります．

　共通する処理を train と test のそれぞれに実行する必要がなくなる
　test の情報も考慮した処理を実行できる

前者について，data という形に結合してから処理することで，実行回数を 1 回にまとめられます．後者は，例えば train と test の特徴量の分布が異なっているときに，効果を発揮する場合があります．上述した標準化を train のみで実行すると，test で取り得る値を考慮できていないため，test に対しては有効ではない変換になってしまう可能性があるからです．

一方で実務では，機械学習モデルの作成時に，予測対象のデータについての情報が得られない場合も多いです．このような観点から，特徴量エンジニアリングの段階で test の情報を利用するのは望ましくないという意見もあります．

2.2.4　機械学習アルゴリズムの学習・予測

用意した特徴量と予測の対象のペアから，機械学習アルゴリズムを用いて対応関係を学習させましょう．

```
1: from sklearn.linear_model import LogisticRegression
2:
3:
4: clf = LogisticRegression(penalty='l2', solver='sag', random_state=0)
5: clf.fit(X_train, y_train)
```

ここでは「ロジスティック回帰」と呼ばれる機械学習アルゴリズムを利用します．

機械学習アルゴリズムの振る舞いはハイパーパラメータという値で制御されます．「LogisticRegression()」の括弧内の値が該当します．ハイパーパラメータの調整方法については2.6節の「機械学習アルゴリズムのお気持ち？！ ハイパーパラメータを調整してみよう」で詳しく見ていきます．

学習を終えると，未知の特徴量（X_test）を与えて予測させることができます．

```
1: y_pred = clf.predict(X_test)
```

y_predには0か1の予測値が格納されています．真の正解であるy_testと区別する目的で，自分の予測値はy_predと命名しました．

2.2.5　submit

最後に，Notebook経由でsubmitするために，予測値をcsvファイルとして保存します．

```
1: sub = pd.read_csv('../input/titanic/gender_submission.csv')
2: sub['Survived'] = list(map(int, y_pred))
3: sub.to_csv('submission.csv', index=False)
```

Kaggleの運営側はy_testの中身を把握しているので，y_testとy_predが比較され，自分のsubmitした予測値の性能がスコアとして返ってくる仕組みになっています．

ここでは，submitに向けた一連の処理の流れを追いました．

対談③ 「ベンチマーク」を作る

 新しいコンペに取り組むときは「取りあえず submit」までが一番難しい気がしますね．今後改善していくための，いわゆる「ベンチマーク」を作る作業です．

 そうですね．特に始めたばかりのころって，自分独自のモデル作るのがとても難しいですよね．

 まずデータ加工でつまずきますよね．「他の人のソースコードをコピペしても動かない」とか「自分の思った通りに変形できない」みたいな．

 そうなんですよね．エラーが出て，ググって，何とか解決してもまた別のエラーが出るし．それだけですごい時間が経ってしまって，全然進捗がないみたいな感じで．

 データサイエンスの中でけっして避けられない大事な作業ではあると思います．ただ，初期のうちにKaggleの楽しさが分からないまま苦しんで終わってしまうのは，避けてほしいですね．その意味でも，初期はsubmitまでできる公開Notebookを流用するのがお勧めです．

 コンペを体験してからのほうが，ベンチマークを作るときに気をつけるべきことも分かりますしね．

 Kaggleでは一連の流れを公開してくださっている方も多くて，本当にありがたいです．

 情報公開の仕組みがないコンペだと，初歩的なところで詰まって何も楽しめないままに終わってしまうこともありますね．私は会場に集まってその場で戦う「オフラインコンペ」で，そういう経験があります．

 あー，オフラインコンペは業務でゴリゴリやってる人が強い印象ありますね．

 とてもありますよ．u++さんは，いまだとKaggleをやるときにNotebookのソースコードを流用しますか？　それともNotebookを参考にしつつ，ゼロから書きます？

いまは参考にしつつもゼロベースですね．とはいえ過去の自分の Kaggle のソースコードをパクってますが．

 確かに何回かコンペに出て，ソースコードが溜まってきたら，それに倣うのが楽ですもんね．何回かコンペに出るうちに，いまのスタイルになった感じですか？

 そうですね，最初は公開された Notebook 頼りでした．

 自分でゼロから書けるようになるのは，かなりの経験が必要だと思っています．本書を通じて，少しでも近づいてもらうことができると良いのですが．

 付録のサンプルコード詳細解説がその一助となると嬉しいですね！

2.3

次の一手を見い出す！ 探索的データ分析をしてみよう

　2.1〜2.2節では，与えられたデータを機械学習アルゴリズムが扱える形に変換し，学習・予測を行いました．以後，一連の流れを少しずつ改善していきながら，スコアの向上を目指します．

　改善できるポイントの1つは，特徴量エンジニアリングです．特に2.2節で取り上げた既存のデータから，機械学習アルゴリズムが予測するうえで有用な新しい特徴量を作成する方法です．

　予測性能に寄与する新しい特徴量の作成には，仮説と可視化を繰り返すサイクルが大切です．ここでは，仮説と可視化から新しい特徴量を作る過程についてまとめます（図2.14）．

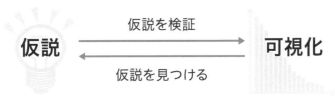

図 2.14　仮説と可視化

　予測性能に寄与しそうな仮説を立てる

　可視化を実行する（予測性能に寄与する仮説を見つけるため，仮説が正しいかを検証するため）

個々人や問題によって，どちらが起点になるかが変わってきます．

■ ケース1）ドメイン知識がある場合

「ドメイン知識」とは，取り組む業界や事業などについての知識を意味します．

　ドメイン知識をもっている，つまり自分がある程度詳しい分野の問題に取り組む場合，最初から仮説がいくつかあるでしょう．その場合は仮説を検証するような可視化を実施し，本当に予測性能に寄与するかを確認します．その可視化の結果によっては，改めて仮説を立てることになるかもしれません．

■ ケース2）ドメイン知識がない場合

　ドメイン知識がない場合は，まずは仮説を立てるための探索的なデータ分析を実施することになるでしょう．いろいろな軸でデータを眺め，予測性能に寄与しそうな仮説を立てるのが目的になります．

　本節では，次の順で予測性能に寄与する新しい特徴量を見つけるための探索的な分析を実行します．この分析は「探索的データ分析（Exploratory Data Analysis，EDA）」と呼ばれます．

　1　Pandas Profiling で概要を確認する
　2　各特徴量について目的変数（Survived）との関係を確認する

2.3.1　Pandas Profiling で概要を確認する

　最初に，データの概要を大まかに把握しましょう．データの概要を分かりやすく表示してくれる「Pandas Profiling」[31] というパッケージが便利です《6-1》.

```
1: import pandas as pd
2: import pandas_profiling
3:
4:
5: train = pd.read_csv('../input/titanic/train.csv')
6: train.profile_report()
```

　このように，Pandas Profiling を import し，pandas.DataFrame.profile_report() とすることで，次の5項目からなるレポートが表示されます．

- Overview
- Variables
- Correlations
- Missing Values
- Sample

　ここでは，データの概要を把握できる項目を中心に説明します．

> **note**
>
> **Pandas Profiling の実行時間**
>
> 　pandas.DataFrame.profile_report() は内部でさまざまな処理を実施する都合上，ある程度の実行時間が必要です．Titanic のような小さいデータセットでも，実行環境によっては数分程度かかる場合があります．より大きなデータセットの場合には，一部のデータを抽出したうえで実行するなどの対応が考えられるでしょう．

---

[31]　Pandas Profiling
　　　https://github.com/pandas-profiling/pandas-profiling (Accessed: 30 November 2019).
《6-1》Pandas Profiling は ydata-profiling となり，import ydata_profiling と import する仕様になりました．詳しくは GitHub のサンプルコードを確認してください．

Overview

　図2.15のように，Dataset infoには，データの行数と列数やデータの型などが表示されます．

　Number of variablesが12, Number of observationsが891となっており，学習用データセットは，891行12列のデータであることが分かります．Titanicのデータは，1行のデータが1人のデータであるため，891人分のデータがあり，それぞれ12の列があるということです．

　Missing cellsは866で，866の欠損値があると分かります．

Overview

Dataset info

Number of variables	12
Number of observations	891
Missing cells	866 (8.1%)
Duplicate rows	0 (0.0%)
Total size in memory	83.7 KiB
Average record size in memory	96.1 B

Variables types

Numeric	5
Categorical	5
Boolean	1
Date	0
URL	0
Text (Unique)	1
Rejected	0
Unsupported	0

図 2.15　Pandas Profiling の実行結果

　Variables typesには，各列のデータ型の内訳が集計されています．Titanicの12列のデータ型は次の通りでした．

　Numeric: PassengerId, Age, SibSp, Parch, Fare
　Categorical: Pclass, Sex, Ticket, Cabin, Embarked
　Boolean: Survived
　Text: Name

　Numericは15や45のような数値を示すデータ型で，例えばAgeなどが該当します．Categoricalはmaleやfemaleという値をとるSexのように，数値ではないデータ型です．「カテゴリ変数」とも呼ばれます．NumericとCategoricalは対比されやすく，前者を「量的変数」，後者を「質的変数」と表現する場合もあります．

　Booleanは真偽値を意味し，TitanicではSurvivedが当てはまります．Titanicでは0か1という数値で格納されていますが，それぞれ偽と真に対応しており，Booleanとして扱われています．

　Textは文章の意味で，Nameが該当します．

note　カテゴリ変数の特徴量エンジニアリング

　機械学習アルゴリズムは，数値ではない文字列を入力として扱えない場合が多いです．そのため特徴量エンジニアリングの段階で，カテゴリ変数を適当な数値に置き換える処理が必要になります．

　2.2節では，Sexの「male」と「female」をそれぞれ0と1に変換していました．

```
1: data['Sex'].replace(['male', 'female'], [0, 1], inplace=True)
```

　1つのカテゴリ変数の取り得る値が2種類の場合は上記の処理で問題ありませんが，3種類以上の場合は注意が必要です．

　例えば，EmbarkedではSを0，Cを1，Qを2に置換しています．この処理は機械学習アルゴリズムにロジスティック回帰を用いるという前提では，適切ではありません．

　なぜなら，数値に変換したことで本来存在しない関係性が発生してしまうからです．この場合は「CはSとQの間に位置する」という関係性を誤って学習してしまう可能性があります．

　このような背景があり，3種類以上の値をとるカテゴリ変数を数値に変換する際には，例えば図2.16のような手法が使われます．

Embarked		Embarked_S	Embarked_C	Embarked_Q
S		1	0	0
C		0	1	0
Q		0	0	1
C		0	1	0

図 2.16　One-Hot エンコーディングの概要

　Embarkedを3列に展開し，それぞれの列で特定の値か否かを0もしくは1で表現しています．この変換ならば，不要な関係性を与えることなくカテゴリ変数を処理可能です．この手法は「One-Hotエンコーディング」と呼ばれます．One-Hotエンコーディングには，1つのカテゴリ変数が多くの値をとる場合に列数が増え過ぎてしまう点には注意しましょう．

　2.5節で利用する「LightGBM」など一部の機械学習アルゴリズムでは，カテゴリ変数に相当する特徴量を指定する機能を備えています．カテゴリ変数用の特別な処理を実行するため，カテゴリ変数を数値の状態で入力しても，上述した問題は発生しません．

　本書では最終的にLightGBMを機械学習アルゴリズムとして採用するため，カテゴリ変数のOne-Hotエンコーディングは実施しませんでした．

Variables

Variablesには，各特徴量の概要が，データ型に応じたフォーマットで表示されます．

■ Survived

目的変数であるSurvivedでは，死亡 (0) と生存 (1) の人数と割合が分かります（図2.17）．生存 (1) の割合が38.4%で，学習用データセット全体での生存率が38.4%ということを意味します．

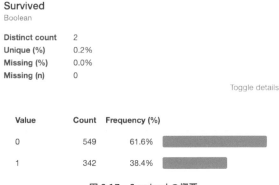

Survived
Boolean

Distinct count	2
Unique (%)	0.2%
Missing (%)	0.0%
Missing (n)	0

Toggle details

Value	Count	Frequency (%)	
0	549	61.6%	
1	342	38.4%	

図 2.17　Survived の概要

■ Age

Ageは乗客の年齢です（図2.18）．欠損値（Missing）が177というのは，年齢の情報がないデータが177あるということです．平均値（Mean）は約29.7, 最小値（Minimum）は0.42, 最大値（Maximum）は80であると分かります．

Age
Numeric

Distinct count	89	Mean	29.69911765
Unique (%)	10.0%	Minimum	0.42
Missing (%)	19.9%	Maximum	80
Missing (n)	177	Zeros (%)	0.0%
Infinite (%)	0.0%		
Infinite (n)	0		

図 2.18　Age の概要

図2.19のヒストグラムでは年齢の分布が分かり，20歳代から30歳代の乗客が多いと読みとれます．一番小さいビン（データの区間）のデータも多く，約25人分のデータがあると分かります．

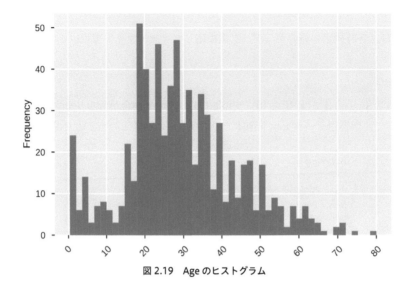

図 2.19　Age のヒストグラム

■ SibSp

SibSp は同乗した兄弟姉妹と配偶者の人数です（図 2.20）．Common values の箇所を見ることで，値（value）ごとの人数と割合が分かります．0 が 68.2%，1 が 23.5% となっており，2 以上は少ないです．

SibSp Numeric				
Distinct count	7	Mean	0.5230078563	
Unique (%)	0.8%	Minimum	0	
Missing (%)	0.0%	Maximum	8	
Missing (n)	0	Zeros (%)	68.2%	
Infinite (%)	0.0%			
Infinite (n)	0			

Toggle details

Statistics　Histogram　**Common values**　Extreme values

Value	Count	Frequency (%)	
0	608	68.2%	
1	209	23.5%	
2	28	3.1%	
4	18	2.0%	
3	16	1.8%	
8	7	0.8%	
5	5	0.6%	

図 2.20　SibSp の概要

■Parch

Parchは同乗した親と子供の人数です（図2.21）．構成比は，0が76.1%，1が13.2%，2が9.0%となっており，3以上は少ないことが分かります．

Parch Numeric				
	Distinct count	7	**Mean**	0.3815937149
			Minimum	0
	Unique (%)	0.8%	**Maximum**	6
	Missing (%)	0.0%	**Zeros (%)**	76.1%
	Missing (n)	0		
	Infinite (%)	0.0%		
	Infinite (n)	0		

Toggle details

Statistics　　Histogram　　**Common values**　　Extreme values

Value	Count	Frequency (%)	
0	678	76.1%	
1	118	13.2%	
2	80	9.0%	
5	5	0.6%	
3	5	0.6%	
4	4	0.4%	
6	1	0.1%	

図 2.21　Parch の概要

■Fare

Fareは運賃です．図2.22のヒストグラムからは，小さい運賃が多いことが分かります．

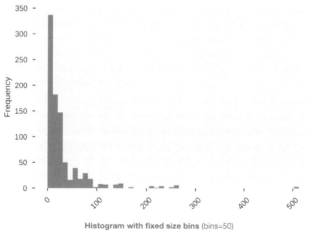

Histogram with fixed size bins (bins=50)

図 2.22　Fare のヒストグラム

■ Pclass

Pclass はチケットのクラスです（図 2.23）．3 つのチケットのクラスがあり，構成比は，1 が 24.2%，2 が 20.7%，3 が 55.1% となっていることが分かります．

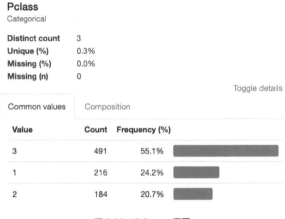

図 2.23　Pclass の概要

■ Sex

Sex は性別です（図 2.24）．構成比は，男性（male）が 64.8%，女性（female）が 35.2% となっていることが分かります．

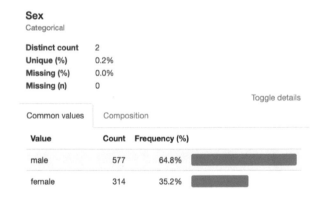

図 2.24　Sex の概要

■ Ticket

Ticketはチケット番号です（図2.25）．Distinct countから，681種類のチケット番号があると確認できます．「347082」，「1601」，「CA. 2343」などの値があり，最大で7つの重複があることが分かります．

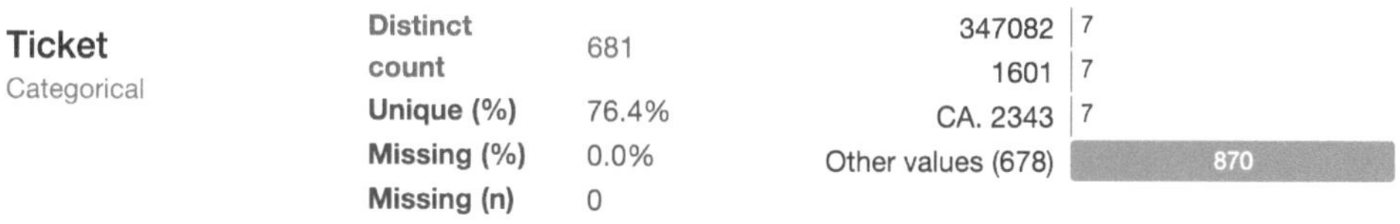

Ticket	Distinct count	681		347082	7
Categorical	Unique (%)	76.4%		1601	7
	Missing (%)	0.0%		CA. 2343	7
	Missing (n)	0		Other values (678)	870

図 2.25　Ticket の概要

■ Cabin

Cabinは客室の番号です（図2.26）．Distinct countから148種類の客室の番号があり，Missingから欠損値が687（77.1%）あると確認できます．「B96 B98」，「C23 C25 C27」，「G6」などの値があり，最大で4つの重複があることが分かります．

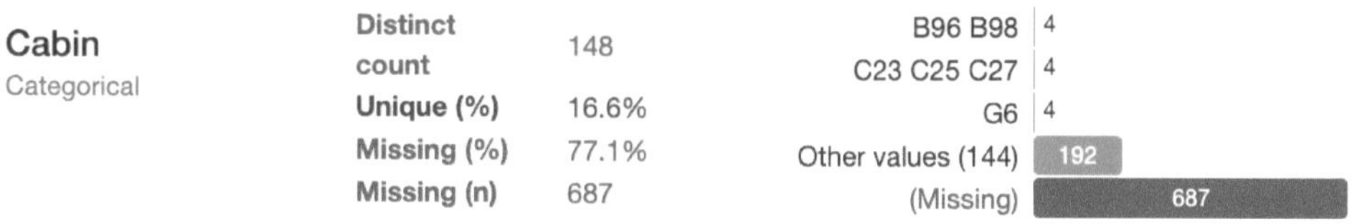

Cabin	Distinct count	148		B96 B98	4
Categorical				C23 C25 C27	4
	Unique (%)	16.6%		G6	4
	Missing (%)	77.1%		Other values (144)	192
	Missing (n)	687		(Missing)	687

図 2.26　Cabin の概要

■Embarked

Embarkedは乗船した港です（図2.27）. Missingが2となっており, 欠損値が2つ存在します. 欠損値を除くと3種類の値があり, 構成比はSが72.3%, Cが18.9%, Qが8.6%となっていることが分かります.

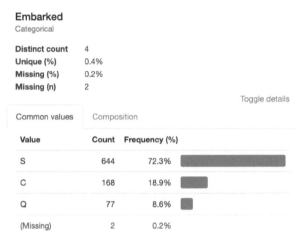

図 2.27　Embarked の概要

■Name

Nameは乗客の名前です（図2.28）. Mr. や Mrs. などの敬称が含まれていることが分かります.

Name
Categorical, Unique

First 5 values	Last 5 values
Abbing, Mr. Anthony	de Mulder, Mr. Theodore
Abbott, Mr. Rossmore Edward	de Pelsmaeker, Mr. Alfons
Abbott, Mrs. Stanton (Rosa Hunt)	del Carlo, Mr. Sebastiano
Abelson, Mr. Samuel	van Billiard, Mr. Austin Blyler
Abelson, Mrs. Samuel (Hannah Wizosky)	van Melkebeke, Mr. Philemon

図 2.28　Name の概要

2.3.2　各特徴量について目的変数との関係を確認する

ここまで, Pandas Profilingを用いて, 特徴量ごとに概要を確認しました. ここからは, 各特徴量について, 目的変数であるSurvived（死亡（0）, 生存（1））との関係を確認します. 予測性能に寄与する可能性のある仮説を見つけましょう.

Ageと目的変数との関係

```
1: plt.hist(train.loc[train['Survived'] == 0, 'Age'].dropna(),
2:         bins=30, alpha=0.5, label='0')
3: plt.hist(train.loc[train['Survived'] == 1, 'Age'].dropna(),
4:         bins=30, alpha=0.5, label='1')
5: plt.xlabel('Age')
6: plt.ylabel('count')
7: plt.legend(title='Survived')
```

目的変数ごとに，図2.29のように年齢のヒストグラムを描くと，年齢ごとの生存率が分かります．若い人や年配の人は生存率が高く，20歳代から30歳代の人は生存率が低くなっています．

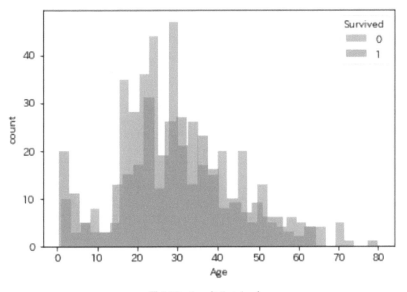

図 2.29　Age と Survived

SibSpと目的変数との関係

```
1: sns.countplot(x='SibSp', hue='Survived', data=train)
2: plt.legend(loc='upper right', title='Survived')
```

SibSpごとに目的変数を集計すると，SibSpが0のデータと3以上のデータは生存率が低いことが分かります（図2.30）．

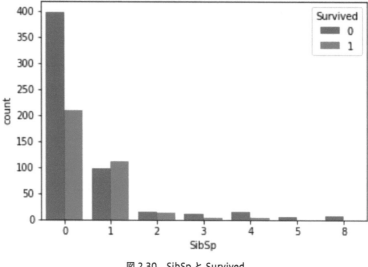

図 2.30　SibSp と Survived

Parchと目的変数との関係

```
1: sns.countplot(x='Parch', hue='Survived', data=train)
2: plt.legend(loc='upper right', title='Survived')
```

　Parchごとに目的変数を集計すると，Parchが0のデータと4以上のデータは生存率が低いことが分かります（図2.31）.

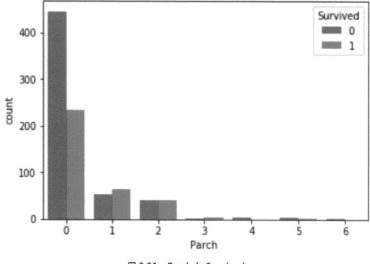

図 2.31　Parch と Survived

ここで，ParchとSibSpについて考えると，どちらも同乗する家族の人数に関する特徴量となっています．人数が増えると生存率が下がるという共通点もあります．そこで「両者を足し合わせて『家族の人数』という特徴量を新たに作ると，予測性能に寄与する可能性がある」という仮説を得ることができました．

この仮説については，2.4節で深掘りして検証することにします．

Fareと目的変数との関係

```
1: plt.hist(train.loc[train['Survived'] == 0, 'Fare'].dropna(),
2:         range=(0, 250), bins=25, alpha=0.5, label='0')
3: plt.hist(train.loc[train['Survived'] == 1, 'Fare'].dropna(),
4:         range=(0, 250), bins=25, alpha=0.5, label='1')
5: plt.xlabel('Fare')
6: plt.ylabel('count')
7: plt.legend(title='Survived')
8: plt.xlim(-5, 250)
```

目的変数ごとに，図2.32のように運賃のヒストグラムを描くと，運賃ごとの生存率が分かります．運賃が30以下の乗客は生存率が低く，その中でも特に10以下の乗客は生存率が低くなっています．

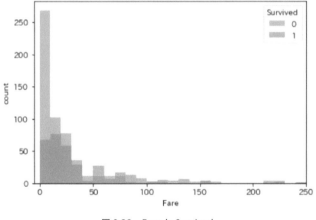

図2.32 FareとSurvived

Pclassと目的変数との関係

```
1: sns.countplot(x='Pclass', hue='Survived', data=train)
```

Pclassごとに目的変数を集計すると，Pclassが1から3に増えるにつれ，生存率が下がることが分かります（図2.33）．

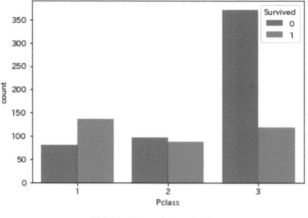

図 2.33　Pclass と Survived

Sexと目的変数との関係

```
1: sns.countplot(x='Sex', hue='Survived', data=train)
```

　性別ごとに目的変数を集計すると，男性は生存率が低く，女性は生存率が高く，性別によって生存率に大きな差があることが分かります（図2.34）．そのため，Sexはとても重要な特徴量になりそうです．

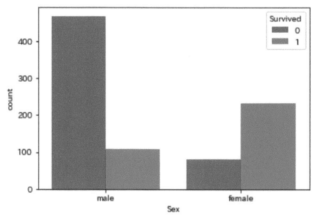

図 2.34　Sex と Survived

Embarkedと目的変数との関係

```
1: sns.countplot(x='Embarked', hue='Survived', data=train)
```

Embarkedごとに目的変数を集計すると，SとQは生存率が低く，Cは生存率が高いことが分かります（図2.35）．

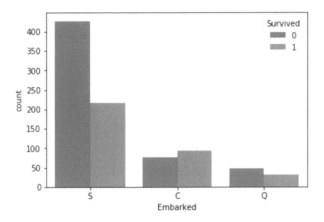

図 2.35 Embarked と Survived

ここでは探索的データ分析を実施し，データの概要を確認し，特徴量ごとの目的変数との関係も確認しました．具体的には，可視化を通じて「ParchとSibSpの両者を足し合わせて『家族の人数』という特徴量を新たに作ると，予測性能に寄与する可能性がある」という仮説を得ることに成功しました．

この仮説は本書の解説用で，あくまで一例です．可視化を通じて，もっと多くの仮説を抱いた方もいるでしょう．

説明した探索的データ分析の手法は一部であり，Notebooksでは多くの探索的データ分析の結果が公開されています．ぜひ，さまざまな探索的データ分析の手法を学んでみてください．

対談④ 単なる「可視化」ではない

探索的データ分析の大切さも，Kaggleを通じて学んだことの1つです．機械学習を学び始めたころはアルゴリズムやモデリングの部分ばかりに注目しがちでしたが，最近ますます価値を実感してきました．単に機械学習モデルに突っ込むのは誰でもできる仕組みが整いつつあるので，他者との差別化を図るためにもEDAは欠かせないなあと．

前処理と機械学習モデルの作成を自動でやってくれる技術の進歩はすごくて，データを入れるとある程度のモデルは自動で作ってくれるようになりましたし，この性能はどんどん上がっていくと思います．でもこの技術も複数のテーブルがあったり，定型タスクじゃないと性能はまだまだで，そこはEDAやモデリングでKagglerの強みが出るとこですよね．

最近のテーブルデータコンペでは，データを良く見ることの重要性が増している気がします．データサイエンスのパッケージや技術などが徐々に普及してきて，一般的な回帰・分類の問題は事業会社内で解けてしまう．結果として，Kaggleのテーブルデータコンペはデータセットや課題設定に一癖ある問題が多いと感じています．
2019年開催のコンペだと「LANL Earthquake Prediction」[15] や「Santander Customer Transaction Prediction」[32]，「IEEE-CIS Fraud Detection」[33] などですね．いずれも，データを丁寧に観察して適切な処理を講じたチームが上位に食い込みました．

一般的なテーブルデータのコンペは減っている印象がありますもんね．EDAによって問題をどのように解いていくか見極める重要性が上がっていそうです．

個人的に，探索的データ分析には2つのパターンがあると思っています．1つは一番最初にやるデータ把握，もう1つはある程度取り組んだ後でやる仮説探しです．

なるほどそう整理してもらうと分かりやすいですね．Pandas Profilingでやっているのはデータ把握ですよね．Kaggleだとデータ把握は，Pandas Profilingを使い，他の人のNotebookを読んで自分でも少し手を動かすとだいたいできる．
そして，仮説探しのためのEDAがすごく時間をかける作業です．他の人より少しでも良いスコアを得るために，いろいろなEDAをやりますよね．
この後者のスキルをどう身につけたら良いんですかね．Kagglerは，実戦で身につけている人が多そうな印象があります．

難しいですよね．やはり数をこなして勘所を養っていくしかないのかもしれません．完全に同じ問題は出ませんが，類似コンペから学ぶことも多い印象はあります．例えば「IEEE-CIS Fraud Detection」[33] でソロ金メダルをとったKaggle Masterのnejumiさんは「Home Credit Default Risk」[34] での経験が活きたと語っていましたね．

コンペに取り組むたびに，そのコンペに適したやり方を学べますね．Notebookを読むのも面白くて全然飽きません．

カレーさんが担当しているKaggle講座でも，探索的データ分析を取り扱ってますよね．参加者の方の反響はどんな感じですか？

Pandas Profilingは特に反響が良いです．初学者の方はもちろん，仕事でデータ分析やっている人でも，感動してくれる人がいます．あれをゼロから書こうとすると，大変ですもんね．
自動での機械学習モデル作成や，Pandas Profilingのように決められたフォーマットで概要を出すとかは今後もどんどん技術が進むと思います．u++さんが言うように，そこ以外が差別化できるポイントになりますよね．EDA って可視化の技法じゃなくて，総合的な実力が必要なので，幅広く学ぶ必要がありそうです．

[15]　LANL Earthquake Prediction
https://www.kaggle.com/c/LANL-Earthquake-Prediction (Accessed: 30 November 2019).

[32]　Santander Customer Transaction Prediction
https://www.kaggle.com/c/santander-customer-transaction-prediction (Accessed: 30 November 2019).

[33]　IEEE-CIS Fraud Detection
https://www.kaggle.com/c/ieee-fraud-detection (Accessed: 30 November 2019).

[34]　Home Credit Default Risk
https://www.kaggle.com/c/home-credit-default-risk (Accessed: 30 November 2019).

2.4
ここで差がつく！　仮説に基づいて新しい特徴量を作ってみよう

　2.4 〜 2.8 節では，既存の Notebook に手を加えていきながら，スコアを上げていく方法を学んでいきます．ここで紹介する方法は，メダルが獲得できる開催中のコンペにも，ある程度は汎用的に使えるものです．「このような方法でスコアが上げられるんだ」と知り，自分でコンペに参加していく際の道標にしてもらえればと考えています．

　ここでは，特徴量エンジニアリングの部分で，スコアの向上を体験してみましょう．まず前提的な話として，Kaggle に取り組む上で欠かせない「再現性」の話をします．

2.4.1　再現性の大切さ

　「再現性がある」とは，何度実行しても同じ結果が得られることです．Kaggle でいうと，同一のスコアが得られると言い換えても良いでしょう．

　再現性がないと，実行ごとに異なるスコアが得られてしまいます．特徴量エンジニアリングなどでスコアの向上を試みても，予測モデルが改善されたか否かを正しく判断できなくなる問題が生じます．

　実は，2.2 節の Notebook には再現性がありません．その原因は，Age という特徴量の欠損値を埋める際の乱数です．ここでは平均と標準偏差を考慮した乱数で欠損値を補完していますが，この乱数は実行ごとに値が変わるようになっています．

```
1: age_avg = data['Age'].mean()
2: age_std = data['Age'].std()
3:
4: data['Age'].fillna(np.random.randint(age_avg - age_std, age_avg + age_std),
5:                     inplace=True)
```

再現性を担保するためには，次のような方法が考えられます．

1　そもそも乱数を用いる部分を削除する
2　乱数の seed を与えて実行結果を固定する

　Age については，そもそも乱数を用いるよりも，欠損していないデータの中央値を与えた方が筋の良い補完ができそうです．今回は中央値で補完するようにソースコードを改変します．

```
1: data['Age'].fillna(data['Age'].median(), inplace=True)
```

　機械学習アルゴリズムの大半は乱数を利用するので，再現性を担保するためにseedを固定しておくのが望ましいです．seedとは，乱数を作るうえで基点となる値です．2.2節を振り返ると，機械学習アルゴリズムのロジスティック回帰のハイパーパラメータとして「random_state=0」を与え，seedを固定していました．

```
1: clf = LogisticRegression(penalty='l2', solver='sag', random_state=0)
```

　このようにKaggleを進めていくときには，きちんと再現性がとれていることを随時確認していきましょう．GPUを利用する場合など，どうしても再現性が担保できない場合もあります．seedを固定して比較しても，あくまでそのseedの条件下での結果に過ぎない点には注意が必要です．seedを変えると異なる結果が得られる可能性もあります．

　参考までに，KaggleのNotebookでは以下のようにすべての乱数のseedを固定する関数が使われることもあります[35]．

```
1: def seed_everything(seed=1234):
2:     random.seed(seed)
3:     os.environ['PYTHONHASHSEED'] = str(seed)
4:     np.random.seed(seed)
5:     torch.manual_seed(seed)
6:     torch.cuda.manual_seed(seed)
7:     torch.backends.cudnn.deterministic = True
```

2.4.2　仮説から新しい特徴量を作る

　ここでは，実際に新しい特徴量を作っていきましょう．2.3節で探索的なデータ分析を実施した結果，Parch・SibSpともに一定の値を超えると生存率が下がるという状況にありました．そこで得た「ParchとSibSpの両者を足し合わせて『家族の人数』という特徴量を新たに作ると，予測性能に寄与する可能性がある」という仮説について掘り下げていきましょう．

　まず，この仮説の検証のため可視化に移りましょう．新しい列「FamilySize」を作り，その大きさごとに生存したか否かを図2.36の棒グラフにしました．

　　Survived==0: 死亡
　　Survived==1: 生存

---

[35] Deterministic neural networks using PyTorch
https://www.kaggle.com/bminixhofer/deterministic-neural-networks-using-pytorch (Accessed: 30 November 2019).

```
1: import seaborn as sns
2:
3:
4: data['FamilySize'] = data['Parch'] + data['SibSp'] + 1
5: train['FamilySize'] = data['FamilySize'][:len(train)]
6: test['FamilySize'] = data['FamilySize'][len(train):]
7: sns.countplot(x='FamilySize', data=train, hue='Survived')
```

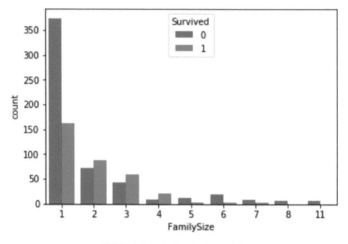

図 2.36　FamilySize と Survived

　ここで FamilySize >= 5 の場合，死亡が生存を上回っており，生存率が低いことが分かります．もっていた仮説が，可視化を通じて「FamilySize >= 5 の場合，生存率が低いので，この特徴量は予測性能に寄与しそうだ」という確度の高い仮説に変わりました．

　今回の「FamilySize」のように仮説に基づいたいろいろな集計軸で分析・可視化をしてみて，予測性能に寄与しそうな集計軸か否かを確認するというのは，有効なアプローチです．

　今回可視化を通じて「FamilySize==1」の人が圧倒的に多く，かつ生存率が低いということも分かりました．

　この「FamilySize==1」であるという特徴量も予測性能に寄与しそうなので，下記のように新しく「IsAlone」という特徴量を作成しました．

```
1: data['IsAlone'] = 0
2: data.loc[data['FamilySize'] == 1, 'IsAlone'] = 1
3:
4: train['IsAlone'] = data['IsAlone'][:len(train)]
5: test['IsAlone'] = data['IsAlone'][len(train):]
```

　このように仮説と可視化を繰り返すことで，既存のデータから機械学習アルゴリズムが予測するう

えで有用な新しい特徴量を探索していきましょう．

　作成した特徴量が「有用」だったかを判断するには，例えば次の4パターンで学習した結果を submit する方法があります．submit した際のスコアを見ることで，ある程度特徴量の有用性を確認可能です．

　　　「FamilySize」と「IsAlone」を加えた場合
　　　「FamilySize」のみを加えた場合
　　　「IsAlone」のみを加えた場合
　　　「FamilySize」と「IsAlone」を加えていない場合

ここで「ある程度」としている理由については2.7節で学びます．

2.4.3　特徴量エンジニアリングの技法を学ぶ

　特徴量エンジニアリングを実施していく中で，一般にどのようなやり方があり得るのかを知っておくのは非常に重要です．どんな種類の仮説が立てられるのか，その仮説をどうやってソースコードの実装に落とし込むのかなど，先人から手数を学んでおきましょう．

　　　日本語の書籍としては『Kaggle で勝つデータ分析の技術』[36] や『機械学習のための特徴量エンジニアリング』[37] があります．
　　　スライドでは「最近の Kaggle に学ぶテーブルデータの特徴量エンジニアリング」[38] が詳しいです．
　　　特徴量エンジニアリング以外の記述も豊富なブログ記事としては「【随時更新】Kaggle テーブルデータコンペできっと役立つ Tips まとめ」[39] があります．

[36]　門脇大輔・阪田隆司・保坂桂佑・平松雄司，『Kaggle で勝つデータ分析の技術』，技術評論社，2019

[37]　著：Alice Zheng, Amanda Casari, 訳：株式会社ホクソエム，『機械学習のための特徴量エンジニアリング』，オライリージャパン，2019

[38]　最近の Kaggle に学ぶテーブルデータの特徴量エンジニアリング
　　　https://www.slideshare.net/mlm_kansai/kaggle-138546659 (Accessed: 30 November 2019).

[39]　【随時更新】Kaggle テーブルデータコンペできっと役立つ Tips まとめ
　　　https://naotaka1128.hatenadiary.jp/entry/kaggle-compe-tips (Accessed: 30 November 2019).

対談⑤ 特徴量エンジニアリングが勝負を決める

特徴量エンジニアリングは勝負の分かれ目ですよね.

ですね. いかにコンペの特性を理解し, 予測に効く特徴量を作れるかが鍵になると思っています.

私は特徴量エンジニアリングをほとんど独学で, Kaggle をやりながら学びました. u++ さんはどのように学びましたか？

過去の資料をとにかく読みましたねー. nejumi さんの資料 [40] とか.

確かに！「Kaggle Tokyo Meetup」の資料もとても参考になりました. 最近だと, それらの内容を箇条書きでまとめたブログ記事 [39] とか. 事前にそういうのでイメージをつかんでおくと, Notebooks や Discussion を見てもイメージをつかみやすい気がします.

いまだと, Twitter などで「Kaggle 本」と呼ばれる『Kaggle で勝つデータ分析の技術』[36] ですね. あと特徴量エンジニアリングという観点だと『機械学習のための特徴量エンジニアリング』[37] や『前処理大全』[41] も勉強になります.

いまだと「Kaggle 本」ですよね. Kaggle のテーブルデータという意味だとダントツで良かったですね.

特徴量エンジニアリングには, ドメイン知識があると有利に働く場合が多いですね. Kaggle Grandmaster の ONODERA さんは, ソロで2位入賞した「Instacart Market Basket Analysis」コンペ [42] で, 実際にアカウントを作って注文寸前の画面まで遷移させてみたそうです [43]. 「利用者の気持ちを理解する」ことの大切さを実感する事例でした. 天体の多クラス分類を扱った「PLAsTiCC Astronomical Classification」コンペ [44] も, 1位は超新星爆発に関する研究者だったそうです.

私も「PLAsTiCC Astronomical Classification」コンペでは,『基礎からわかる天文学』[45] のような本を何冊か読みました. 本を読むことで, 自分の知識では思いつかない特徴量の情報が得られ, その特徴量を作るとスコアが格段に上がりました. ドメイン知識の重要性を実感したコンペでした.

私は「PetFinder.my Adoption Prediction」コンペ[11] で，サイトのアカウントを作りました．あと，気晴らしも兼ねて猫カフェにも行きましたね（笑）．特に予測に寄与する特徴量は見つけられませんでしたが，やっぱり写真が大事だとか，名前の呼びやすさが意外と大切かもしれないだとか，いくつかヒントは得られました．

[11]　PetFinder.my Adoption Prediction
　　　https://www.kaggle.com/c/petfinder-adoption-prediction (Accessed: 30 November 2019).

[40]　nejumi/kaggle_memo
　　　https://github.com/nejumi/kaggle_memo (Accessed: 30 November 2019).

[41]　本橋智光，『前処理大全』，技術評論社，2018

[42]　Instacart Market Basket Analysis
　　　https://www.kaggle.com/c/instacart-market-basket-analysis (Accessed: 30 November 2019).

[43]　第2回：「Kaggle」の面白さとは -- 食品宅配サービスの購買予測コンペで考える -
　　　https://japan.zdnet.com/article/35124706/ (Accessed: 30 November 2019).

[44]　PLAsTiCC Astronomical Classification
　　　https://www.kaggle.com/c/PLAsTiCC-2018 (Accessed: 30 November 2019).

[45]　半田利弘，『基礎からわかる天文学』，誠文堂新光社，2011

2.5

勾配ブースティングが最強？！　いろいろな機械学習アルゴリズムを使ってみよう

これまでは機械学習アルゴリズムとして，ロジスティック回帰を採用していました．

ここでは，いろいろな機械学習アルゴリズムを使ってみましょう．これまでロジスティック回帰を使っていた部分を差し替えて学習・予測を実行します．

ロジスティック回帰の実装に利用していた sklearn というパッケージは入出力のインタフェースが統一されており，手軽に機械学習アルゴリズムを変更できます．

最近の Kaggle のコンペで上位陣が利用している機械学習アルゴリズムとしては「勾配ブースティング」や「ニューラルネットワーク（Neural Network, NN）」が挙げられます．これらはロジスティック回帰に比べて表現力が高く，高性能に予測できる可能性を秘めています．

特に上位陣での採用率が高いのは「LightGBM」という勾配ブースティングのパッケージです．sklearn と同様のインターフェイスも用意されていますが，ここでは「Python-package Introduction」というページ[46] に記載されている，メモリ効率の良い方式で実装します．

2.5.1　sklearn

まずは sklearn 内で機械学習アルゴリズムを変更していきましょう．これまではロジスティック回帰を使ってきました．

```
1: from sklearn.linear_model import LogisticRegression
2:
3:
4: clf = LogisticRegression(penalty='12', solver='sag', random_state=0)
```

sklearn では，clf で宣言するモデルを切り替えるだけで機械学習アルゴリズムを差し替えられます．例えば「ランダムフォレスト」[29] と呼ばれる機械学習アルゴリズムを使ってみましょう．

```
1: from sklearn.ensemble import RandomForestClassifier
2:
3:
4: clf = RandomForestClassifier(n_estimators=100, max_depth=2, random_state=0)
```

---

[46]　Python-package Introduction
　　　https://lightgbm.readthedocs.io/en/latest/Python-Intro.html (Accessed: 30 November 2019).

後はロジスティック回帰の場合と同様に学習・予測が実行可能です．

```
1: clf.fit(X_train, y_train)
2: y_pred = clf.predict(X_test)
```

ランダムフォレストでの予測結果をsubmitしてみると，筆者の環境では0.77990というロジスティック回帰のときよりも格段に良いスコアが出ました（図2.37）．

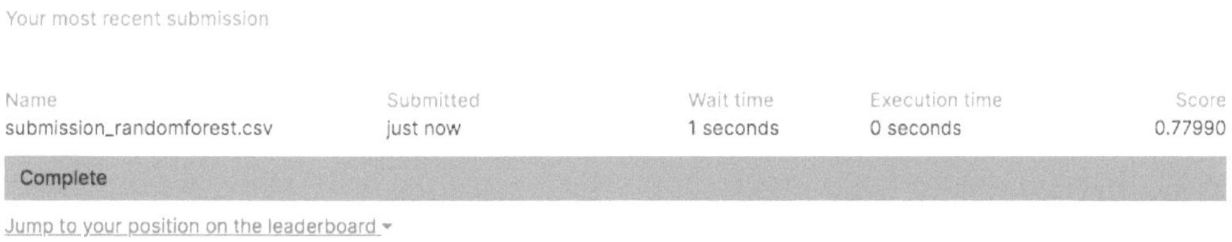

Your most recent submission				
Name	Submitted	Wait time	Execution time	Score
submission_randomforest.csv	just now	1 seconds	0 seconds	0.77990
Complete				

Jump to your position on the leaderboard ▾

図2.37　ランダムフォレストでの予測結果

sklearnには非常に多くの種類の機械学習アルゴリズムが実装されています．公式documentationの「Supervised learning」（教師あり学習）[47]に利用できる機械学習アルゴリズムがまとまっているので，ぜひいろいろ試してみてください．

2.5.2　LightGBM

続いて，LightGBMを使います．sklearnとの差異もあり，いくつか事前準備が必要です．

1　学習用・検証用にデータセットを分割する
2　カテゴリ変数をリスト形式で宣言する

学習用・検証用にデータセットを分割する

LightGBMは「決定木」をもとにした機械学習アルゴリズムです．

決定木は，非常に単純な機械学習アルゴリズムです．図2.38のように，1つの特徴量に対し1つの閾値を定め，次々と条件分岐していきながら予測値を決定します．学習用データセットからは，どの特徴量で，どういう閾値で，どのように判定するかを学びます．

---

[47]　Supervised learning
　　　https://scikit-learn.org/stable/supervised_learning.html (Accessed: 30 November 2019).

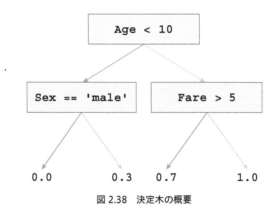

図 2.38　決定木の概要

　LightGBMは勾配ブースティングと呼ばれる方法で，大量の決定木を作成しながら学習を進めます．具体的には図2.39のように，ある時点で作成した決定木の予測結果を確認し，誤差の大きいデータをうまく予測できるように，次の決定木を作成していきます．最終的な予測値は，学習の過程で作成したすべての決定木での予測値を利用して算出されます．

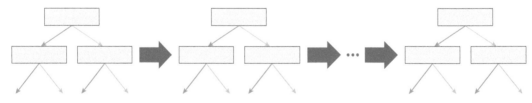

図 2.39　勾配ブースティングの概要

　次々と学習を重ねていくため，高い予測性能が期待できます．一方で，学習に利用したデータセットにのみ過剰に適合してしまい，本来の目的である未知の値に対する性能が劣化してしまう「過学習」という現象に陥る可能性もあります．そこで学習に利用しない検証用データセットに対する性能を見ながら学習を打ち切る「early stopping」を利用するのが一般的となっています．
　ここでは，X_train を X_train（学習用）と X_valid（検証用）に分割します．

```
1: from sklearn.model_selection import train_test_split
2:
3:
4: X_train, X_valid, y_train, y_valid = \
5:     train_test_split(X_train, y_train, test_size=0.3,
6:                      random_state=0, stratify=y_train)
```

カテゴリ変数をリスト形式で宣言する

LightGBMでは，カテゴリ変数に対して特別な処理を自動的に実行してくれます[48]．次のように，何をカテゴリ変数として扱ってほしいかを明示的にLightGBMに教えてあげましょう．

```
1: categorical_features = ['Embarked', 'Pclass', 'Sex']
```

事前準備も終わったところで，LightGBMで学習・予測を実施します．

lightgbm.train()では，num_boost_round（学習の実行回数の最大値）を1000に設定しています．early_stopping_roundsは，early_stoppingの判定基準です《5-11》．ここでは10と設定しており，連続して10回学習を重ねても検証用データセットに対する性能が改善しなかった場合に，学習を打ち切ります．

```
 1: import lightgbm as lgb
 2:
 3:
 4: lgb_train = lgb.Dataset(X_train, y_train,
 5:                         categorical_feature=categorical_features)
 6: lgb_eval = lgb.Dataset(X_valid, y_valid, reference=lgb_train,
 7:                         categorical_feature=categorical_features)
 8:
 9: params = {
10:     'objective': 'binary'
11: }
12:
13: model = lgb.train(params, lgb_train,
14:                   valid_sets=[lgb_train, lgb_eval],
15:                   verbose_eval=10,
16:                   num_boost_round=1000,
17:                   early_stopping_rounds=10)
18:
19: y_pred = model.predict(X_test, num_iteration=model.best_iteration)
```

次のような実行ログとともに，学習が進行します．

```
Training until validation scores don't improve for 10 rounds.
[10]    training's binary_logloss: 0.425241    valid_1's binary_logloss: 0.478975
[20]    training's binary_logloss: 0.344972    valid_1's binary_logloss: 0.444039
[30]    training's binary_logloss: 0.301357    valid_1's binary_logloss: 0.436304
[40]    training's binary_logloss: 0.265535    valid_1's binary_logloss: 0.438139
Early stopping, best iteration is:
[38]    training's binary_logloss: 0.271328    valid_1's binary_logloss: 0.435633
```

[48] lightgbm カテゴリカル変数と欠損値の扱いについて＋α
    https://tebasakisan.hatenadiary.com/entry/2019/01/27/222102 (Accessed: 30 November 2019).

《5-11》LightGBMのバージョン更新で，early_stopping_roundsではなくlgb.early_stoppingを使う仕様になりました．詳しくはGitHubのサンプルコードを確認してください．

今回は，39回目の学習以降，10回学習を重ねても検証用データセットに対する性能が改善していません．そのため，48回目で学習が打ち切りとなっています．

```
1: y_pred[:10]
```

```
array([0.0320592 , 0.34308916, 0.09903007, 0.05723199, 0.39919906,
       0.22299318, 0.55036246, 0.0908458 , 0.78109016, 0.01881392])
```

今回のLightGBMの設定では，出力結果は0〜1の連続値になります．今回は閾値を決め打って，0.5を上回っていれば1と予測したと見なして，submitしてみます．

```
1: y_pred = (y_pred > 0.5).astype(int)
2: y_pred[:10]
```

```
array([0, 0, 0, 0, 0, 0, 1, 0, 1, 0])
```

LightGBMでの予測結果をsubmitしてみると，筆者の環境では0.75598というスコアが出ました（図2.40）．ランダムフォレスト同様，ロジスティック回帰のときのスコアよりも向上しているのが分かります．このように利用する機械学習アルゴリズム次第で，Kaggleのスコアを向上させることが可能です．

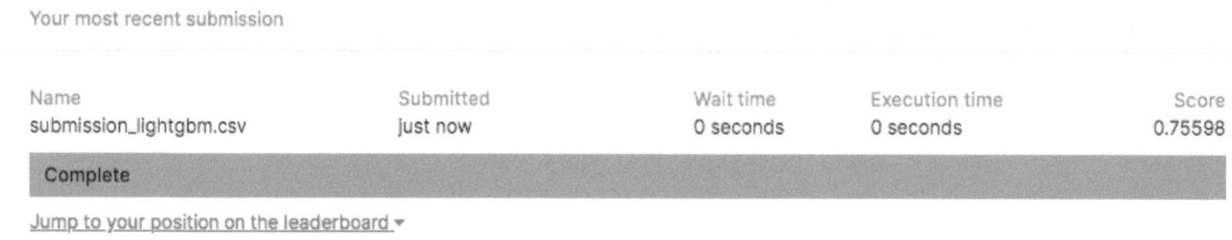

Your most recent submission

Name	Submitted	Wait time	Execution time	Score
submission_lightgbm.csv	just now	0 seconds	0 seconds	0.75598
Complete				

Jump to your position on the leaderboard ▾

図 2.40　LightGBM での予測結果

2.5.3　その他の機械学習アルゴリズム

勾配ブースティング系では今回紹介したLightGBM以外に，数年前から人気の根強い「XGBoost」[49]や，主流とは言い難いですが徐々に頭角を現している「CatBoost」[50]などがあります．「PyTorch」[51]，「TensorFlow」[52]などのパッケージを用いてニューラルネットワークを実装する場合もあります．

対談⑥ 機械学習アルゴリズムの選び方

いまのKaggleのテーブルデータコンペだと，基本はLightGBMみたいな印象はありますね.

はい．LightGBMは速くて使いやすいので，LightGBMを使うことが多いです．

LightGBMは，欠損値を含む入力も受けつけてくれますし，カテゴリ変数も指定できます．特徴量の標準化が不要な点も良いですね．初手としてとりあえず試す意味でも，優れていると感じます．

他の勾配ブースティングのパッケージであるXGBoostやCatBoostを使うこともあります．モデルの多様性を得る目的で，コンペ終盤に使うことが多いです．

私も似たやり方が多いですね．XGBoostはLightGBM登場前はKaggleを席巻していたので，2，3年前の解法を勉強すると多く登場します．CatBoostも最近頻繁に更新されていて，かなり可能性を感じますね．時代の変遷は激しいですが，だからこそKaggleは良い勉強にもなっています．

私はここ1，2年で機械学習を始めたので「LightGBMがあって当然」という感じなのですが，5年前ぐらいになるともう全然違う世界なので興味深いです．

最近のコンペでは，金メダルを狙うならNNもほぼ必須になりつつありますね [38]．NNについては，欠損値補完や特徴量の標準化が必要など，特徴量エンジニアリングから変わってくるので難しさがあります．

[49] XGBoost
https://xgboost.readthedocs.io/en/latest/ (Accessed: 30 November 2019).

[50] CatBoost
https://catboost.ai/ (Accessed: 30 November 2019).

[51] PyTorch
https://pytorch.org/ (Accessed: 30 November 2019).

[52] TensorFlow
https://www.tensorflow.org/ (Accessed: 30 November 2019).

NNを上手に作れると，他のチームに差をつけられる印象ですよね．私は，NNはうまく作れないので，チームメンバーのお世話になることが多いです．自分でも作れるようになりたくて，最近のコンペでは，少しずつNNも挑戦しています．その他の機械学習アルゴリズムを使うことはありますか？

一般の機械学習の教科書だと，ロジスティック回帰や，サポートベクターマシンが有名ですね．ただ，Kaggleでは性能面で勾配ブースティング系のアルゴリズムが圧倒的だと思います．
業務だと，解釈性を優先して線形回帰を利用する場合はありますね．Webアプリケーションでの利用を考えると，計算時間やモデルの容量も考慮する必要が出てきます．

Kaggleでも計算時間が短くなれば加点されるなど，性能だけの評価ではないコンペが開催されても面白いなと思います．

---

［38］　最近のKaggleに学ぶテーブルデータの特徴量エンジニアリング
　　　　https://www.slideshare.net/mlm_kansai/kaggle-138546659 (Accessed: 30 November 2019).

2.6

機械学習アルゴリズムのお気持ち？！ ハイパーパラメータを調整してみよう

先にも説明したように，機械学習アルゴリズムの振る舞いはハイパーパラメータという値で制御されます．もちろん，ハイパーパラメータの値次第で予測結果は変わり得ます．

ハイパーパラメータの調整は，主に2種類の方法があります．

手動で調整
チューニングツールを使う

ここでは，最初に手動でハイパーパラメータを調整し，機械学習アルゴリズムの振る舞いが異なることを確認します．その後，チューニングツールの「Optuna」も利用してみましょう．

最近のKaggleのコンペでは，データサイズが大きいため上記のツールでのハイパーパラメータ調整が現実的な時間で終わらないという問題があります．一般に，ハイパーパラメータ調整でのスコアの上がり幅は特徴量エンジニアリングで良い特徴量を見つけた場合に劣るので，あまり時間をかけずに手動で微調整をする場合も多いです．

特にKaggleの場合は，参加者がNotebooksやDiscussionで調整済のハイパーパラメータを公開している場合があります．最適なハイパーパラメータは特徴量によって異なるので調整は必要ですが，そこまで悪くない値として流用できます．

2.6.1　手動で調整

ここでは，LightGBMの性能の向上を試みます．これまでは「objective」のみを指定していました．明示的に指定しない場合は「default」の値が自動的に定義されます[53]．

```
1: params = {
2:     'objective': 'binary'
3: }
```

[53] LightGBM Parameters
　　 https://lightgbm.readthedocs.io/en/latest/Parameters.html (Accessed: 30 November 2019).

公式 documentation の「Parameters Tuning」[54] に従って，手動で調整を進めていきましょう．ここには，いくつかの目的別に，ハイパーパラメータ調整のコツが記載されています．

今回は，性能を高めるのが目的なので「For Better Accuracy」を参照して次の調整をします．

- 1つ目は「大きめの max_bin を使え」です．default の値は255なので，ここでは300にしてみます．
- 2つ目は「小さめの learning_rate を使え」です．default の値は0.1なので，ここでは0.05にしてみます．
- 3つ目は「大きめの num_leaves を使え」です．default の値は31なので，ここでは40にしてみます．

LightGBM は学習を高速化するため各特徴量をいくつかのヒストグラムに変換しています．max_bin は各特徴量の最大の分割数を意味し，大きめの値を設定することで，機械学習アルゴリズムの表現力が上がる可能性があります．

learning_rate は学習率です．小さめの値を設定することで「丁寧に」対応関係を学習するようになり，精度向上につながり得ます．

num_leaves は1つの決定木における分岐の末端の最大数です．大きめの値を設定することで，機械学習アルゴリズムの表現力が上がる可能性があります．

表現力を高める弊害として，計算量が多くなることや，過学習に陥る可能性が増加する点には注意しましょう．ここでは3つのハイパーパラメータを一度に変更していますが，それぞれの変更の影響を確認するためには，1つずつ調整すると良いでしょう．

```
 1: params = {
 2:     'objective': 'binary',
 3:     'max_bin': 300,
 4:     'learning_rate': 0.05,
 5:     'num_leaves': 40
 6: }
 7:
 8: lgb_train = lgb.Dataset(X_train, y_train,
 9:                         categorical_feature=categorical_features)
10: lgb_eval = lgb.Dataset(X_valid, y_valid, reference=lgb_train,
11:                        categorical_feature=categorical_features)
12:
13: model = lgb.train(params, lgb_train,
14:                   valid_sets=[lgb_train, lgb_eval],
15:                   verbose_eval=10,
16:                   num_boost_round=1000,
17:                   early_stopping_rounds=10)
18:
19: y_pred = model.predict(X_test, num_iteration=model.best_iteration)
```

[54]　LightGBM Parameters-Tuning
https://lightgbm.readthedocs.io/en/latest/Parameters-Tuning.html (Accessed: 30 November 2019).

```
Training until validation scores don't improve for 10 rounds.
[10]    training's binary_logloss: 0.505699    valid_1's binary_logloss: 0.532106
[20]    training's binary_logloss: 0.427825    valid_1's binary_logloss: 0.482279
[30]    training's binary_logloss: 0.377242    valid_1's binary_logloss: 0.456641
[40]    training's binary_logloss: 0.345424    valid_1's binary_logloss: 0.447083
[50]    training's binary_logloss: 0.323113    valid_1's binary_logloss: 0.440407
[60]    training's binary_logloss: 0.302727    valid_1's binary_logloss: 0.434527
[70]    training's binary_logloss: 0.285597    valid_1's binary_logloss: 0.434932
Early stopping, best iteration is:
[66]    training's binary_logloss: 0.293072    valid_1's binary_logloss: 0.433251
```

　ここでy_predはハイパーパラメータ変更前と異なる値をとりました．出力ログにも変化があり，最終的なvalid_1's binary_loglossは0.433251と，変更前よりも小さい値になっています．この値は損失なので，小さいほうが望ましいです．

　LightGBMでの予測結果をsubmitしてみると，筆者の環境では0.77033というスコアが出ました．ハイパーパラメータ変更前の0.75598に比べて，スコアが向上しています（図2.41）．

図 2.41　LightGBM での予測結果

2.6.2　Optuna を使う

　ここまで手動でハイパーパラメータを調整してきましたが，次のような感情が芽生えている方もいるのではないでしょうか．

　　「大きめ」「小さめ」といっても，具体的にどの値にすれば良いのか分からない
　　各パラメータの組み合わせ方もいくつかあり，逐一設定・実行して性能を検証するのは大変

　そのような課題を解決してくれるのが，ハイパーパラメータのチューニングツールです．「Grid

search」[55]，「Bayesian Optimization」[56]，「Hyperopt」[57]，「Optuna」[58]など，いくつかのツールがあります．

　今回は，特に筆者が使いやすいと感じているOptunaを使っていきます．

　Optunaを使うに当たっては，あらかじめ次の関数内のtrial.suggest_int()のように，探索範囲を定義します．指定方法は公式documentationの「Trial」[59]で確認できます．

　ここでは，意図的にlearning_rateの調整を実施していません．テーブルデータをLightGBMで扱う場合，一般にlearning_rateが低いほど高い性能が得られるためです．そのため探索範囲には含めず，必要であれば後に手動で低い値に変更します．

```
 1: import optuna
 2: from sklearn.metrics import log_loss
 3:
 4:
 5: def objective(trial):
 6:     params = {
 7:         'objective': 'binary',
 8:         'max_bin': trial.suggest_int('max_bin', 255, 500),
 9:         'learning_rate': 0.05,
10:         'num_leaves': trial.suggest_int('num_leaves', 32, 128),
11:     }
12:
13:     lgb_train = lgb.Dataset(X_train, y_train,
14:                             categorical_feature=categorical_features)
15:     lgb_eval = lgb.Dataset(X_valid, y_valid, reference=lgb_train,
16:                            categorical_feature=categorical_features)
17:
18:     model = lgb.train(params, lgb_train,
19:                       valid_sets=[lgb_train, lgb_eval],
20:                       verbose_eval=10,
21:                       num_boost_round=1000,
22:                       early_stopping_rounds=10)
23:
24:     y_pred_valid = model.predict(X_valid,
25:                                  num_iteration=model.best_iteration)
26:     score = log_loss(y_valid, y_pred_valid)
27:     return score
```

[55]　sklearn.model_selection.GridSearchCV
　　　https://scikit-learn.org/stable/modules/generated/sklearn.model_selection.GridSearchCV.html (Accessed: 30 November 2019).

[56]　Bayesian Optimization
　　　https://github.com/fmfn/BayesianOptimization (Accessed: 30 November 2019).

[57]　Hyperopt
　　　https://github.com/hyperopt/hyperopt (Accessed: 30 November 2019).

[58]　Optuna
　　　https://optuna.org/ (Accessed: 30 November 2019).

[59]　Optuna Trial
　　　https://optuna.readthedocs.io/en/latest/reference/trial.html (Accessed: 30 November 2019).

n_trialsは試行回数です．ここでは計算を短くするため，40回程度にしておきます．乱数も固定しておきます[60]．

```
1: study = optuna.create_study(sampler=optuna.samplers.RandomSampler(seed=0))
2: study.optimize(objective, n_trials=40)
3: study.best_params
```

{'max_bin': 427, 'num_leaves': 79}

指定した範囲内で試行回数だけ探索した結果得られた最良のハイパーパラメータが表示されています．こちらで改めて予測して，submitしてみると，筆者の環境では0.77033というスコアが出ました(図2.42)．偶然ですが手動での調整と同じスコアになっています．探索範囲や試行回数を変えれば，より良いスコアが出るかもしれません．

Your most recent submission

Name	Submitted	Wait time	Execution time	Score
submission_lightgbm_optuna.csv	just now	1 seconds	0 seconds	0.77033

Complete

Jump to your position on the leaderboard ▼

図 2.42 Optuna で調整した LightGBM での予測結果

手動で調整するにせよ，チューニングツールを使うにせよ，機械学習アルゴリズムをブラックボックス的に利用するのではなく，ハイパーパラメータを正しく理解することが非常に大切です．

ハイパーパラメータの説明については，英語ですが公式のdocumentationで確認するのが確実です．日本語だと，例えば『Kaggleで勝つデータ分析の技術』[36]では，筆者の方々がそれぞれのハイパーパラメータ調整についての考え方を紹介しています．「勾配ブースティングで大事なパラメータの気持ち」[61]にも，LightGBMなどの勾配ブースティングの主要なハイパーパラメータ解説が記載されています．LightGBMの開発者の方の発表資料[62]も，開発者の視点でハイパーパラメータ調整の方法が紹介されており参考になります．

[36] 門脇大輔・阪田隆司・保坂桂佑・平松雄司，『Kaggleで勝つデータ分析の技術』，技術評論社，2019

[60] Optunaでrandomのseedを固定する方法
https://qiita.com/phorizon20/items/1b795beb202c2dc378ed (Accessed: 30 November 2019).

[61] 勾配ブースティングで大事なパラメータの気持ち
https://nykergoto.hatenablog.jp/entry/2019/03/29/勾配ブースティングで大事なパラメータの気持ち (Accessed: 30 November 2019).

[62] 有名ライブラリと比較したLightGBMの現在
https://alphaimpact.jp/downloads/pydata20190927.pdf (Accessed: 30 November 2019).

対談⑦ 自己流のハイパーパラメータ調整のやり方

本節で1つのトピックとして取り上げたハイパーパラメータ調整ですが，個人的には Kaggle 文脈ではそこまで重要でもない気はしますね．特にテーブルデータコンペで勾配ブースティング系のモデルを使っている場合は，よほど的外れな設定でなければ，特徴量エンジニアリングなど他のことに注力したほうが期待値が高い印象です．

私も同感です．Notebook からコピーしてきたり，前回コンペで使ったものを使い回したりすることが多いです．

私は序盤と終盤，2回ハイパーパラメータ調整することが多いかもしれません．前者は最初のベンチマークを作る，後者は最後の一押しの目的です．学習用データセットと検証用データセットそれぞれに対する性能を見ながら，手動で調整しますね．

私はハイパーパラメータ調整をするにしても，コンペ終盤に Optuna を使ってさっと終わらせます．寝るときなどに回しておくと，朝起きたら良いハイパーパラメータができあがっているイメージで，とても使いやすいです．

Optuna のようなツールを使う場合でも，やはりハイパーパラメータの意味を理解して設定するのは大切ですね．

データに依存して探索範囲を修正する必要がありますし，そこまで頑張ってきたコンペが，ハイパーパラメータのまずさで良い順位がとれないのも残念ですね．悪い例としては，何回ごとにログを出力するかなどのまったく意味のないハイパーパラメータをチューニングしているブログ記事があり，それを参考に別のブログで同じ内容が書かれていることもありました．自分も安易にコピペをしてしまうことがたまにあるのですが，理解して取り組むのは重要だなと感じます．
勾配ブースティングのパラメータを理解して設定するための方法ですが，いくつかあるパッケージのどれか1つでも documentation や論文を読んで理解すると，他のパッケージでも応用できて良いと思います．

2.7

submitのその前に！
「Cross Validation」の大切さを知ろう

　ここまで，特徴量エンジニアリング・機械学習アルゴリズム・ハイパーパラメータの面で，スコア
を上げていく方法を学びました．

　ここでは，機械学習モデルの性能を見積もる「validation」について解説します．

2.7.1 submit時のスコアで検証してはいけないのか？

　これまではモデルの性能について，実際にKaggleにsubmitした際のスコアで確認していました．
しかし，この方法には次のような問題点があります．

> submit回数に制限がある
> Public LBで良いスコアが出ても，一部のデータのみに過学習した結果の可能性がある

■submit回数に制限がある

　Kaggleのコンペには1日のsubmit回数に制限があり，スコアが上がる保証もないのに気軽に
submitするのは得策ではありません．1日のsubmit回数分しか試行錯誤ができない状況にも陥って
しまいます．

■Public LBで良いスコアが出ても，一部のデータのみに過学習した結果の可能性が
ある

　メダルが獲得できるコンペでは，一部データのみがPublic LBに利用されておりスコアを随時確
認できますが，最終順位は残りのPrivate LBのデータに対する性能で決定します（図2.43）．

図2.43　データセットの分割

Public LBで良いスコアが出ても，Public LBのデータのみに過学習した結果の可能性があり，必ずしも Private LBでの性能に寄与するかは分かりません．Public LB と Private LBの分割方法は参加者に開示されない場合が多いので，Public LBにどのようなデータが使われている分からないという問題も存在します．

極端な例ですが，Titanicのような二値分類の問題で0のラベルがついたデータのみがPublic LBに使われている可能性を考えましょう．この場合，仮にPublic LBで高いスコアを出すモデルが作成できても，そのモデルは1のラベルを当てる性能がどれだけあるか確認できていません．

■ 学習用データセットから検証用データセットを作る

以上の問題を踏まえてKaggleでは，学習用データセットから検証用データセットを作成し，自分のモデルの性能を測るのが一般的です．

自分で学習用データセットから検証用データセットを切り出すため，検証用データセットは目的変数を含めて全容を把握できています．

実際にsubmitしなくても手元でスコアを計算できるので，submit回数に制限があるという問題に対処できます．検証用データセットの作成方法次第ではありますが，全体像の見えていないPublic LBのスコアに比べて，信頼に足る存在になる可能性があります．

2.7.2　ホールドアウト検証

実はすでに，LightGBMを利用する段階で「ホールドアウト検証」と呼ばれる一種のvalidationを実施していました．図2.44のように，学習用データセットを分割したうえでLightGBMを学習させていたことを思い出してください．

図 2.44　ホールドアウト検証

検証用データセットに対する性能は，submitすることなく手元で確認可能です．自分の気の済むだけ試行錯誤を回し，良いスコアを得た場合に実際にKaggleにsubmitするような運用が可能です．

2.7.3　Cross Validation（交差検証）

「Cross Validation（交差検証）」を実行すると，ホールドアウト検証の例よりも汎用的に性能を確認できます．Cross Validationとは，図2.45のように複数回にわたって異なる方法でデータセットを分割し，それぞれでホールドアウト検証を実行する方法です．そのスコアの平均を確認することで，1回のホールドアウト検証で生じる偏りに対する懸念を弱めることができます．

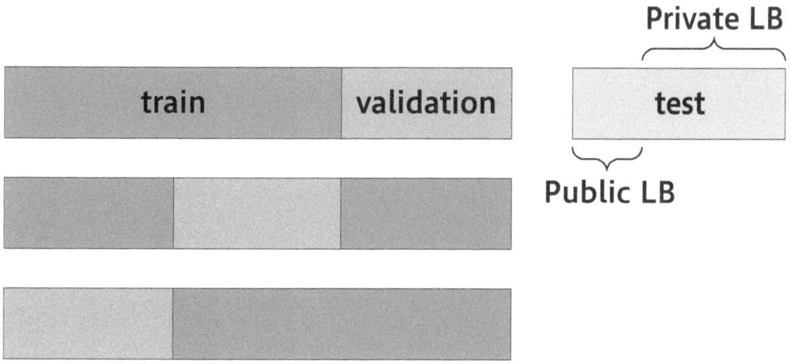

図 2.45　Cross Validation

train_test_split()を複数回用いて実装できそうですが，sklearnにはより便利なKFoldというクラスが用意されています．n_splitsは分割数で，ここではデータセットを5つに分けます．

```
1: from sklearn.model_selection import KFold
2:
3:
4: kf = KFold(n_splits=5, shuffle=True, random_state=0)
```

ソースコードの全容は以下に示します．

```
 1: from sklearn.model_selection import KFold
 2:
 3:
 4: y_preds = []
 5: models = []
 6: oof_train = np.zeros((len(X_train),))
 7: cv = KFold(n_splits=5, shuffle=True, random_state=0)
 8:
 9: categorical_features = ['Embarked', 'Pclass', 'Sex']
10:
11: params = {
12:     'objective': 'binary',
13:     'max_bin': 300,
14:     'learning_rate': 0.05,
15:     'num_leaves': 40
16: }
17:
18: for fold_id, (train_index, valid_index) in enumerate(cv.split(X_train)):
19:     X_tr = X_train.loc[train_index, :]
20:     X_val = X_train.loc[valid_index, :]
21:     y_tr = y_train[train_index]
22:     y_val = y_train[valid_index]
23:
```

```
24:        lgb_train = lgb.Dataset(X_tr, y_tr,
25:                            categorical_feature=categorical_features)
26:        lgb_eval = lgb.Dataset(X_val, y_val, reference=lgb_train,
27:                            categorical_feature=categorical_features)
28:
29:        model = lgb.train(params, lgb_train,
30:                            valid_sets=[lgb_train, lgb_eval],
31:                            verbose_eval=10,
32:                            num_boost_round=1000,
33:                            early_stopping_rounds=10)
34:
35:        oof_train[valid_index] = \
36:            model.predict(X_val, num_iteration=model.best_iteration)
37:        y_pred = model.predict(X_test, num_iteration=model.best_iteration)
38:
39:        y_preds.append(y_pred)
40:        models.append(model)
```

Cross Validationを実施したときは，各分割でのスコアの平均をスコアと見なすことが多いです．このスコアのことを「CVスコア」と呼び，省略して単に「CV」と言うこともあります．

学習用データセットを分割した最小単位をそれぞれ「fold」と呼びます（図2.46）．各分割で学習に使われなかったfoldは「Out-of-fold（oof）」と表現されます．

oof_trainという変数名は「train（学習用データセット）のoof」という意味です．各分割でのoofに対する予測値を格納しています．

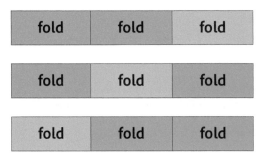

図 2.46　Out-of-fold

```
1: scores = [
2:     m.best_score['valid_1']['binary_logloss'] for m in models
3: ]
4: score = sum(scores) / len(scores)
5: print('===CV scores===')
6: print(scores)
7: print(score)
```

```
===CV scores===
[0.3691161193267495, 0.4491122965802196, 0.3833384988458873, 0.43712149656630833,
0.43469994547894103]
0.41467767135962114
```

Cross Validationには，学習用データセットを無駄にしないという利点もあります．ホールドアウト検証では検証用データセットに該当する部分を学習に利用できていないですが，Cross Validationでは複数の分割を実施するので，全体としては与えられたデータセットを漏れなく学習に利用できています．

この予測値をsubmitすると，筆者の環境で0.76555というスコアが出ました（図2.47）．ホールドアウト検証のときよりも悪いスコアになってしまいました．

図 2.47　Cross Validation での予測結果

その原因の1つは，データセットの分割方法だと推察されます．最後に，この部分を掘り下げて解説していきます．

2.7.4　データセットの分割方法

データセットの分割に当たっては，データセットや課題設定の特徴を意識するのが大切です．

ここまで使っていたKFoldは，特にデータセットや課題設定の特徴を考慮することなくデータセットを分割します．例えば，学習用・検証用データセット内の「目的変数が1 (y==1)」の割合を見てみると次のようになりました．fold_idが2や4の場合などで，顕著に割合が異なっていると分かります．

```
 1: from sklearn.model_selection import KFold
 2:
 3:
 4: cv = KFold(n_splits=5, shuffle=True, random_state=0)
 5: for fold_id, (train_index, valid_index) in enumerate(cv.split(X_train)):
 6:     X_tr = X_train.loc[train_index, :]
 7:     X_val = X_train.loc[valid_index, :]
 8:     y_tr = y_train[train_index]
 9:     y_val = y_train[valid_index]
10:
11:     print(f'fold_id: {fold_id}')
```

```
12:        print(f'y_tr y==1 rate: {sum(y_tr)/len(y_tr)}')
13:        print(f'y_val y==1 rate: {sum(y_val)/len(y_val)}')
```

```
fold_id: 0
y_tr y==1 rate: 0.38342696629213485
y_val y==1 rate: 0.3854748603351955
fold_id: 1
y_tr y==1 rate: 0.3856942496493689
y_val y==1 rate: 0.37640449438202245
fold_id: 2
y_tr y==1 rate: 0.39831697054698456
y_val y==1 rate: 0.3258426966292135
fold_id: 3
y_tr y==1 rate: 0.3856942496493689
y_val y==1 rate: 0.37640449438202245
fold_id: 4
y_tr y==1 rate: 0.36605890603085556
y_val y==1 rate: 0.4550561797752809
```

　繰り返しになりますが，Kaggle の目的は未知のデータセットである Private LB に対する性能を高めることです．そのため，優れた検証用データセットとは，Private LB に似ているデータセットとなります．

　Private LB における「y==1」の割合は誰にも正確には分からないですが，例えば既存のデータセットである学習用データセットと同様の割合だと仮定するという考え方があります．この考え方では，検証用データセットも，学習用データセットから「y==1」の割合を保ったまま分割するのが理想的です．

　「y==1」の割合が均等でない場合，「y==1」を重要視したり逆に軽視したりと，機械学習アルゴリズムの学習がうまくいかない傾向にあります．このような状況では適切に特徴を学習できず，未知のデータセットに対する性能が劣化してしまう可能性があります．KFold を用いた場合にスコアが悪化した原因もここにあると考えられます．

　ちなみに 2.5.2 節で train_test_split() を利用した際には，stratify という引数で y_train を指定することで，割合を保ったままデータセットを2つに分割していました．

```
1: from sklearn.model_selection import train_test_split
2:
3:
4: X_train, X_valid, y_train, y_valid = \
5:     train_test_split(X_train, y_train, test_size=0.3,
6:                      random_state=0, stratify=y_train)
```

　割合を保ったまま Cross Validation を実施するためには sklearn の StratifiedKFold() が利用可能です．学習用・検証用データセット内の「y==1」の割合が可能な範囲で均一に保たれます．

```
 1: from sklearn.model_selection import StratifiedKFold
 2:
 3:
 4: cv = StratifiedKFold(n_splits=5, shuffle=True, random_state=0)
 5: for fold_id, (train_index, valid_index) in enumerate(cv.split(X_train,
 6:                                                              y_train)):
 7:     X_tr = X_train.loc[train_index, :]
 8:     X_val = X_train.loc[valid_index, :]
 9:     y_tr = y_train[train_index]
10:     y_val = y_train[valid_index]
11:
12:     print(f'fold_id: {fold_id}')
13:     print(f'y_tr y==1 rate: {sum(y_tr)/len(y_tr)}')
14:     print(f'y_val y==1 rate: {sum(y_val)/len(y_val)}')
```

```
fold_id: 0
y_tr y==1 rate: 0.38342696629213485
y_val y==1 rate: 0.3854748603351955
fold_id: 1
y_tr y==1 rate: 0.38342696629213485
y_val y==1 rate: 0.3854748603351955
fold_id: 2
y_tr y==1 rate: 0.38429172510518933
y_val y==1 rate: 0.38202247191011235
fold_id: 3
y_tr y==1 rate: 0.38429172510518933
y_val y==1 rate: 0.38202247191011235
fold_id: 4
y_tr y==1 rate: 0.38375350140056025
y_val y==1 rate: 0.384180790960452
```

この分割を用いて学習・予測を実行したところ，筆者の環境で0.77511というスコアが出ました（図2.48）．KFoldやホールドアウト検証のときよりも良いスコアが出ています．

Your most recent submission

Name	Submitted	Wait time	Execution time	Score
submission_lightgbm_skfold.csv	just now	0 seconds	0 seconds	0.77511
Complete				

Jump to your position on the leaderboard ▾

図 2.48 StratifiedKFold() を用いた際の予測結果

分割の際に気をつけたいことは，目的変数の割合以外にも，以下のような点があります．

- データセット内に時系列性がないか
- データセット内にグループが存在しないか

■ データセット内に時系列性がないか

時系列性を意識した検証用データセット構築が必要な場合があります．

例えば「Recruit Restaurant Visitor Forecasting」コンペ[63]では，図2.49のように時系列でデータセットが分割されていました．

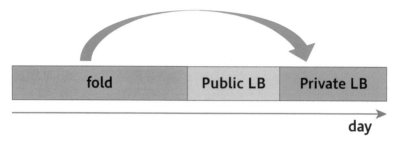

図 2.49　時系列で分割されたデータセット

このとき，学習用データセットから1週間を空けたPrivate LBに対する性能を高めるのが目的になります．そのため手元で検証用データセットを作成する際も，図2.50のように一定期間を空けてデータセットを分割するのが理想的です．

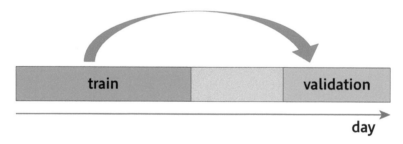

図 2.50　時系列を考慮した検証用データセット

このコンペで12位に入ったKaggle Masterのpocketさんの資料[64]は，時系列でデータセットが分割されたコンペを知るのに非常にお勧めです．特徴量エンジニアリングも含めて，時系列に関して気をつけるポイントが分かりやすく紹介されています．

[63]　Recruit Restaurant Visitor Forecasting
　　　https://www.kaggle.com/c/recruit-restaurant-visitor-forecasting (Accessed: 30 November 2019).
[64]　Neko kin
　　　https://www.slideshare.net/ShotaOkubo/neko-kin-96769953 (Accessed: 30 November 2019).

sklearnの実装としては，sklearn.model_selection.TimeSeriesSplit()[65]が存在しています．ただし単純にデータセットの並び順で分割するだけで，時刻情報を考慮した実装にはなっていません．状況に合わせて，自分でデータセットの分割を定義するのが現実的でしょう．

■ データセット内にグループが存在しないか

データセット内にグループが存在する場合，同一のグループ内の予測が比較的容易である点に注意しましょう．

ここでは題材として「State Farm Distracted Driver Detection」コンペ[66]を紹介します．このコンペは，ドライバーの画像から運転態度を10クラスに分類する問題でした（図2.51）．

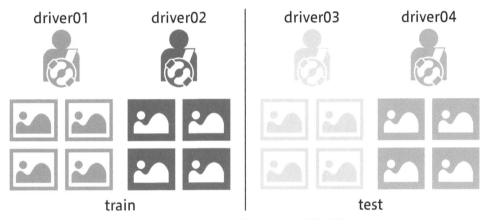

図2.51　1人のドライバーにひもづく複数の画像

データセットとしては1人のドライバーにひもづく複数の画像が提供されました．ここで，学習用データセットと，性能を評価するテスト用のデータセットの間にドライバーの重複がない点に注意が必要です．

このとき，図2.52のようにドライバーが混在する形で学習用データセットと検証用データセットを分割するのは不適切です．なぜなら同一のドライバーの画像を予測するのは比較的簡単なので，検証用データセットに対する性能が不当に高く見積もられてしまうからです．

[65]　sklearn.model_selection.TimeSeriesSplit
　　　https://scikit-learn.org/stable/modules/generated/sklearn.model_selection.TimeSeriesSplit.html
　　　(Accessed: 30 November 2019).

[66]　State Farm Distracted Driver Detection
　　　https://www.kaggle.com/c/state-farm-distracted-driver-detection (Accessed: 30 November 2019).

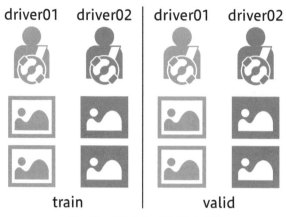

図 2.52　ドライバーが混在した分割

このような場合，図2.53のようにデータセットの分割の際に同一のドライバーが分割されないように気をつける必要があります．

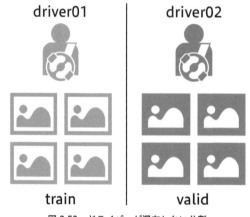

図 2.53　ドライバーが混在しない分割

このコンペで9位に入ったKaggle Grandmasterのiwiwiさんの資料[67] は，具体的な取り組みが分かりやすくまとまっています．データセット内にグループがある場合のデータセット分割の重要性を認識するという観点で，お勧めの資料です．

sklearnの実装としては，sklearn.model_selection.GroupKFold()[68] というクラスが利用可能です．ただしデータセットのシャッフルはできず乱数の設定も存在しないなど，若干使いにくい面もあります．

[67]　Kaggle State Farm Distracted Driver Detection
https://speakerdeck.com/iwiwi/kaggle-state-farm-distracted-driver-detection (Accessed: 30 November 2019).

[68]　sklearn.model_selection.GroupKFold
https://scikit-learn.org/stable/modules/generated/sklearn.model_selection.GroupKFold.html (Accessed: 30 November 2019).

対談⑧ 「Trust CV」

Kagglerの間で「Trust CV」という言葉があります．「Public LBのスコアよりも，自分で計算したCVスコアを信じよう」という意味なのですが，こういう言葉が存在するくらい，大切な話題ですね．

Kaggleの最上位層は，優れた検証用データセットを作る力が本当にすごいです．

そうですね．Kaggleではときおり，Public LBとPrivate LBで大きく順位が変動するコンペがあります．そうした「Shake up」が起きるコンペでも，Grandmasterの方々は上位に残っていて，感嘆しますね．
Kaggle Grandmasterのbestfittingさんも，Kaggleのインタビュー[69]でvalidationの重要性を強調するコメントを残しています．

bestfittingさんは最終的な2つのsubmitに，「安全な」モデルと比較的「危険な」モデルを選ぶと話していますね．u++さんはどういう方針ですか？

私はこの話を参考に，方向性の違う2種類のsubmitを選ぶよう心掛けています．

選び方って性格出ますよね．チーム内で意見が割れることもあります．bestfittingさんの話は，とても良い選び方だと理解できるのですが，私は「攻め」のsubmitと「攻め」のsubmitを選びたくなることがあります．それで失敗も成功もしました．

なまじPublic LBで上位にいると，惑わされてしまう気持ちもありますね．私は「LANL Earthquake Prediction」コンペ[15]の終了時にPublic LBで賞金圏の5位につけていました．そこで最後の選択になったのですが，Public LBの高いモデルと，その派生系の2サブを選んでしまいました．このコンペでは蓋を開けるとPublic LBとPrivate LBが大きく乖離していたので，順位は212位に沈む結果でしたね（図2.54）．派生系のモデルが何とか銀メダル圏内には残ってくれたのですが，良い教訓を得られました．

| 212 | ▼ 207 | [kaggler-ja] Shake it up! | | 2.49606 | 145 | 4mo |

図 2.54 Public LB 5 位から Private LB 212 位へ

Public LB で上位にいると，どれだけ「Trust CV」するかも難しそうですね．私は「LANL Earthquake Prediction」コンペのときは，テストデータの分布を予測して，その分布に近い検証用データセットを作ることができました．その検証用データセットはチームで作り上げた自信があるものだったので，Public LB で 80 位のモデルもありましたが，Public LB は 3000 位くらいだけれども CV の良い submit 2 つを選び，Private LB では 3 位になることができました（図 2.55）．

| 3 | ▲77 | **Character Ranking** | | | 2.29686 | 96 | 4mo |

図 2.55　Public LB 80 位から Private LB 3 位へ

[15]　LANL Earthquake Prediction
　　　https://www.kaggle.com/c/LANL-Earthquake-Prediction (Accessed: 30 November 2019).

[69]　Profiling Top Kagglers: Bestfitting, Currently #1 in the World
　　　https://medium.com/kaggle-blog/profiling-top-kagglers-bestfitting-currently-1-in-the-world-58cc0e187b(Accessed: 30 January 2020).

2.8
三人寄れば文殊の知恵！ アンサンブルを体験しよう

　ここでは，機械学習における「アンサンブル」について解説します．アンサンブルとは，複数の機械学習モデルを組み合わせることで性能の高い予測値を獲得する手法です．

　アンサンブルはKaggleなどのコンペにおける最後の一押しとして，大きな成果を発揮する場合があります．近年は多くのチームで，取り組みの深さは違えど至極当然に用いられる手法になっています．

　最初に，簡単な例を通じてアンサンブルの考え方を学びましょう．次いで，実際にアンサンブルの効果を確認します．

2.8.1　三人寄れば文殊の知恵

　アンサンブルについては「Kaggle Ensembling Guide」[70]と呼ばれる有名な記事が存在します．ここでは「Kaggle Ensembling Guide」の冒頭から具体例を引用して，アンサンブルの考え方を学びましょう．

　10個のyに対して，0か1の二値分類を考えます．次のような予想をする問題です．

$(y_0, y_1, \ldots, y_9) = (0, 1, \ldots, 0)$

　簡単のため，以後は右辺の括弧内の数字だけを取り出して次のように表現します．次の例は「y_4とy_9のみを1と予想した」という意味です．

```
0000100001
```

　さて，ここで正解がすべて1であるような問題を考えます．

```
1111111111
```

　この問題に対して，モデルA・B・Cがそれぞれ次のような予測をしたとしましょう．

---

[70]　Kaggle Ensembling Guide
　　　http://web.archive.org/web/20210727094233/https://mlwave.com/kaggle-ensembling-guide/
　　　(Accessed: 14 May 2023)

■ モデルA ＝ 正解率80％

```
1111111100
```

■ モデルB ＝ 正解率70％

```
0111011101
```

■ モデルC ＝ 正解率60％

```
1000101111
```

　単純に一番良いモデルを選んだ場合，モデルAを採用すれば80％の正解率を得られる状況です．しかし，ここでアンサンブルを使うと80％以上の正解率を出すモデルを得ることができます．

　今回使うアンサンブルは，非常に単純な「多数決」の技法です．$y_0, y_1, \ldots, y_9$のそれぞれで各モデルの予測を確認し，多数決で最終的な予測結果を導出します．

　例えばy_0について，モデルAとモデルCは1を，モデルBは0を予測しています．そのため，最終的な予測結果は1とします．

　同様に考えていくと，下記が最終的な予測結果です．

■ 最終的な予測結果 ＝ 正解率90％

```
1111111101
```

　なんと，もとにしたすべてのモデルよりも高い正解率を得ることができました．

　数式的な説明は「Kaggle Ensembling Guide」に記載があるので割愛しますが，それぞれのモデルの良い部分・悪い部分を補完し合い，全体として良い予測結果が得られています．

2.8.2 Titanic での実験

ここでは，これまで作成してきた csv ファイルを用いて，実際にアンサンブルの効果を確認します．ランダムフォレストと LightGBM による3つの csv ファイルを利用します．

    submission_lightgbm_skfold.csv
    submission_lightgbm_holdout.csv
    submission_randomforest.csv

これらの csv ファイルは，次の URL からもダウンロードできます．

`https://www.kaggle.com/sishihara/submit-files`

1つ目は2.7節の StratifiedKFold()，2つ目はホールドアウト検証を用いて作成した csv ファイルです．3つ目は2.5節で機械学習アルゴリズムとしてランダムフォレストを用いた csv ファイルです．それぞれ submit スコアは，0.77511，0.77033，0.77990でした．

```
1: import pandas as pd
2:
3:
4: sub_lgbm_sk = \
5:     pd.read_csv('../input/submit-files/submission_lightgbm_skfold.csv')
6: sub_lgbm_ho = \
7:     pd.read_csv('../input/submit-files/submission_lightgbm_holdout.csv')
8: sub_rf = pd.read_csv('../input/submit-files/submission_randomforest.csv')
```

最初に予測がどれくらい類似しているのかを確認するため，それぞれの相関を計算すると表2.1の結果が得られました．

表 2.1 それぞれの予測値の相関

	sub_lgbm_sk	sub_lgbm_ho	sub_rf
sub_lgbm_sk	1.000000	0.883077	0.796033
sub_lgbm_ho	0.883077	1.000000	0.731329
sub_rf	0.796033	0.731329	1.000000

sub_lgbm_sk は sub_lgbm_ho との相関が0.883077，sub_rf との相関が0.796033であると読みとれます．sub_lgbm_ho と sub_rf との相関は0.731329で，この3つの予測値の間で最も相関が小さい結果となりました．

アンサンブルの観点では多様性が大切なので，予測値の相関が小さいほうが望ましいです．相関の大きさに絶対的な基準はありませんが，アンサンブルの文脈では0.95以下ならば十分に相関が小さ

いと言えるでしょう．今回はいずれの予測値も相関が小さいので，アンサンブルによる性能向上が期待できそうです．

　ここでは先の例と同様に，多数決で予測値を決定します．3ファイルの予測値部分を合計し，合計が2以上の場合は全体としての予測値を1とします．

```
1: sub = pd.read_csv('../input/titanic/gender_submission.csv')
2: sub['Survived'] = \
3:     sub_lgbm_sk['Survived'] + sub_lgbm_ho['Survived'] + sub_rf['Survived']
4: sub['Survived'] = (sub['Survived'] >= 2).astype(int)
5: sub.to_csv('submission_lightgbm_ensemble.csv', index=False)
```

　この予測値をsubmitすると，筆者の環境で0.78468という過去最高のスコアが得られました（図2.56）.

図 2.56　アンサンブルでの予測結果

　「Kaggle Ensembling Guide」には今回体験したような「csvファイルによるアンサンブル」だけではなく，より高度な「Stacked Generalization（Stacking）」「Blending」といったさまざまな技法が紹介されています．より深くアンサンブルを勉強したい場合は，一読をお勧めします．日本語の場合は『Kaggleで勝つデータ分析の技術』[36]に詳細な解説が記載されています．

> **note** Titanic の特殊性
>
> Titanic はデータや評価指標も分かりやすく，Kaggle でのコンペの仕組みを知るうえではとても良いコンペです．
>
> しかし，次の理由などから，スコアを競うコンペとしては適していません．
>
> ### ■ データ数が少なく，スコアの「ブレ」が大きい
>
> 学習用データセットに891人分のデータしかないことから，1人分のデータの重要度が高いです．これは，学習用・検証用データセットに分割する際やアルゴリズムのseedなどのハイパーパラメータで，結果が大きく異なる原因となります．
>
> テストデータに418人分のデータしかなく，Public LBのスコアに使われるデータはその半分であるため，209人分のデータとなっています．これは，1つ予測が当たるとスコアが約0.005上がるということです．
>
> データ数が少なく，seedなどの本質的ではない要素の影響で，スコアが大きく上下してしまう結果となります．
>
> ### ■ 正解データが公開されており，「満点」のスコアを簡単に出せる
>
> Titanicでは公開データを使用しており，テストデータの答えも公開されています．Public LBの1位のスコアは1.0で「満点」となっており，上位には答えを使用してsubmitしている人も含まれると推測されます．そのため，自分がモデルを改善しスコアを上げたとしても，機械学習で予測している人の中での順位を確認できません．
>
> コンペの仕組みを知ることができたら，3章・4章を参考に，他のコンペに挑戦することをお勧めします．

---

［36］ 門脇大輔・阪田隆司・保坂桂佑・平松雄司，『Kaggleで勝つデータ分析の技術』，技術評論社，2019

対談⑨ 黒魔術. チームマージ

 アンサンブルは基本的に，やればやるだけ伸びますね.

 アンサンブルをやると，スコアが伸びる体験ができるのは面白いです. コンペのソリューションで，上位チームがどのようにアンサンブルをしているのか見るのも楽しみの１つです.

 高度なアンサンブルは「黒魔術」と呼ばれることもありますね. 第５回の Kaggle Tokyo Meetup で「Avito Demand Prediction Challenge」[71] の９位解法を聞いたときは驚きました [72]. 「Linear Quiz Blending」[73] と呼ばれるアンサンブル手法で，単体では最高でも 31 位相当のモデル群から９位のモデルを作り上げていました.

 チームマージの効果は，モデルの多様性を獲得して，アンサンブルでのスコアの向上のためということもありますよね. 金メダル手前の者同士が組んでアンサンブルして金メダルに到達したり，金メダル圏内の人同士で組んで賞金圏内に入ることも良くあります. モデルの多様性ということだと，チームマージ期限の直前にチームマージするのが一番良いのですが，いつチームマージするかは難しいですよね.

 そうですね，初期にチームを組むほうが良い場合もあると思います. 「PetFinder.my Adoption Prediction」コンペ [11] では，まだ自分が１サブもしていない段階からチームを組みました. このときは序盤からチーム内である程度明確に役割分担ができ，最終的な好結果にもつながったと思っています. メンバーがすでに気心の知れた信頼に足る方というのも大きかったですね.
一方で「LANL Earthquake Prediction」コンペ [15] では，コンペ終了２週間前に一度も会ったことのない方とチームマージしました. 相手が金メダル圏内，自分が金メダル圏内の一歩手前という状況でした. 互いに上位に食い込んでいるということで独自の工夫も多く，たくさんの学びや気づきがありましたね.

 チームマージは，とても勉強になりますよね. 私もこれまでチームを組むたびに，自分が知らないことをたくさん学ぶことができました. 順位を上げるためにも，チームメンバーと学び合うためにも，積極的にチームマージしていくと良いと考えています.

私も基本的には同意です．ただ，ソロで頑張ることも同様に大切だと思っています．そもそもソロで上位に食い込んでおく実力がないと，優秀な方とチームを組む機会が得にくいです．私はGrandmasterの条件でもあるソロ金メダルをまだとれていないので，継続的に狙っていきたいと考えています．

[11] PetFinder.my Adoption Prediction
https://www.kaggle.com/c/petfinder-adoption-prediction (Accessed: 30 November 2019).

[15] LANL Earthquake Prediction
https://www.kaggle.com/c/LANL-Earthquake-Prediction (Accessed: 30 November 2019).

[71] Avito Demand Prediction Challenge
https://www.kaggle.com/c/avito-demand-prediction (Accessed: 30 November 2019).

[72] Kaggle Avito Demand Prediction Challenge 9th Place Solution
https://www.slideshare.net/JinZhan/kaggle-avito-demand-prediction-challenge-9th-place-solution-124500050
(Accessed: 30 November 2019).

[73] The BigChaos Solution to the Netflix Grand Prize
https://www.asc.ohio-state.edu/statistics/statgen/joul_aut2009/BigChaos.pdf
(Accessed: 14 May 2023)

2.9

第2章のまとめ

　本章では，実際にTitanicに取り組み，機械学習を用いた予測モデルを構築しながら徐々にスコアを上げていきました．具体的には，次のような内容を学びました．本章を通じて，Kaggleのテーブルデータコンペに取り組む素養が身についているはずです．

- ☐ KaggleのNotebook経由でのsubmitの方法
- ☐ Kaggleにおける一連の処理の流れ
- ☐ 探索的データ分析の概要・方法
- ☐ 特徴量エンジニアリングの概要・方法
- ☐ sklearnやLightGBMの概要・使い方
- ☐ LightGBMのハイパーパラメータの調整方法
- ☐ Cross Validationの概要・方法
- ☐ アンサンブルの概要・方法

3

Titanicの先に行く

　本章では，Titanicでは登場しないKaggleの要素を紹介します．
Titanicの先に行くべく，複数テーブル・画像データ・テキストデー
タの扱い方を学んでいきましょう．本章に対応するサンプルコードは
「はじめに」で紹介したGitHubで公開しています．各節の内容がそ
れぞれの1つのファイルにまとまっており，例えば3.1節で利用する
ファイルはch03_01.ipynbです．本書の付録では，サンプルコード
の詳細な解説を付与しています．

本章の内容

- 3.1　複数テーブルを扱う
- 3.2　画像データを扱う
- 3.3　テキストデータを扱う
- 3.4　第3章のまとめ

複数テーブルを扱う

Titanicでは学習用データセットが「train.csv」という1つのcsvファイルにまとまっていますが，コンペによっては，複数ファイルが用意されている場合もあります．

例えば「Home Credit Default Risk」[34] というコンペでは，図3.1のような関係をもつ複数のファイルが提供されました．

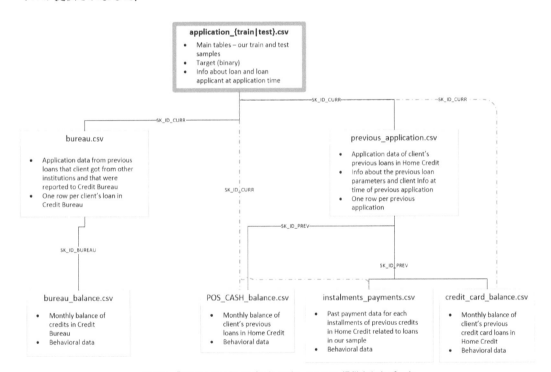

図 3.1　「Home Credit Default Risk」コンペで提供されたデータ
（画像は「Home Credit Default Risk」の Data タブから引用）

個人的には，こういったコンペに直面した際のデータの扱い方が分からず，Titanicの次へ行く障壁の1つになっているのではないかと考えています．

ここでは，複数のファイルを結合して機械学習アルゴリズムの入力とするための方法を扱います．

題材にするのは先に紹介した「Home Credit Default Risk」コンペです．このコンペでは，融資の

申込に対して，それぞれが債務不履行になるか否かを予測します．application_{train/test}.csvに含まれる申込1件に対して，過去の申込履歴などの関連情報を含むcsvファイルが複数存在するデータ構造で，どのように有益な情報を取り出すかが問われるコンペとなりました．

3.1.1 テーブルを結合する

ここでは，公開Notebook「Introduction to Manual Feature Engineering」[74] の冒頭の例を引用します．

まずは主ファイルであるapplication_train.csvを読み込みます（図3.2）．各行が1つの融資の申込を表し，TARGETが予測の対象です．

```
1: application_train = \
2:     pd.read_csv('../input/home-credit-default-risk/application_train.csv')
3: application_train.head()
```

	SK_ID_CURR	TARGET	NAME_CONTRACT_TYPE	CODE_GENDER	FLAG_OWN_CAR	FLAG_OWN_REALTY	CNT_CHILDREN
0	100002	1	Cash loans	M	N	Y	0
1	100003	0	Cash loans	F	N	N	0
2	100004	0	Revolving loans	M	Y	Y	0
3	100006	0	Cash loans	F	N	Y	0
4	100007	0	Cash loans	M	N	Y	0

5 rows × 122 columns

図 3.2　application_train のデータ

次いで，サブファイルに当たるbureau.csvを読み込みます（図3.3）．bureau.csvには，コンペを主催したHome Creditとは別の金融機関から提供された，過去の申込履歴が記録されています．

図に示された通り，SK_ID_CURRでひもづく関係性です．過去の履歴なので，application_trainの1行に対して，bureauの複数行が対応する可能性があります．

```
1: bureau = pd.read_csv('../input/home-credit-default-risk/bureau.csv')
2: bureau.head()
```

[74] Introduction to Manual Feature Engineering
https://www.kaggle.com/willkoehrsen/introduction-to-manual-feature-engineering (Accessed: 30 November 2019).

	SK_ID_CURR	SK_ID_BUREAU	CREDIT_ACTIVE	CREDIT_CURRENCY	DAYS_CREDIT	CREDIT_DAY_OVERDUE	DAYS_CREDI
0	215354	5714462	Closed	currency 1	-497	0	-153.0
1	215354	5714463	Active	currency 1	-208	0	1075.0
2	215354	5714464	Active	currency 1	-203	0	528.0
3	215354	5714465	Active	currency 1	-203	0	NaN
4	215354	5714466	Active	currency 1	-629	0	1197.0

図 3.3　bureau のデータ

仮に1対1の関係ならば，単純にデータを結合してしまえば良いです．ここでは1対Nの関係なので，N側のデータセットを何かしらの方法で集約する必要があります．

「何かしらの方法で集約」の部分は，2.4節で説明したような特徴量エンジニアリングの力が試されます．思考停止でさまざまな集約パターンを試す場合もありますが，今回のデータセットのように列数もある程度多い場合には，意味のある仮説を立てるのが望ましいです．

ここでは「過去の申込回数」が有効な特徴量になるという仮説を得たとします．この特徴量は，次のようにbureauから作成可能です．SK_ID_CURRごとに，回数が集計されています（図3.4）．

```
1: previous_loan_counts = \
2:     bureau.groupby('SK_ID_CURR',
3:                 as_index=False)['SK_ID_BUREAU'].count().rename(
4:                 columns={'SK_ID_BUREAU': 'previous_loan_counts'})
5: previous_loan_counts.head()
```

	SK_ID_CURR	previous_loan_counts
0	100001	7
1	100002	8
2	100003	4
3	100004	2
4	100005	3

図 3.4　previous_loan_counts の表示

後は，application_trainにSK_ID_CURRをキーにして結合するだけです．

```
1: application_train = \
2:     pd.merge(application_train, previous_loan_counts,
3:             on='SK_ID_CURR', how='left')
```

　このとき「how='left'」という引数が与えられている点に注目です．引数として与えられているデータセットのうち，左側のファイルを軸にデータセットを結合していくという意味です．

　仮にこの引数を指定しないと，両者に含まれるSK_ID_CURRのデータセットのみが返ります．ここでprevious_loan_countsには過去の申込が0回のSK_ID_CURRは含まれていないので，データセットの欠落が発生する可能性があります．

　application_trainの行数が減るのは学習用データセットの量を保つ観点から望ましくありません．application_test.csvを扱う場合は，予測すべきデータセットが欠落する事態を招いてしまいます．

　右側のデータセットに該当する値が含まれていない場合は，欠損値になります（図3.5）．この欠損値は，意味合いを考えると0で補完するのが適切です．

..Y	AMT_REQ_CREDIT_BUREAU_WEEK	AMT_REQ_CREDIT_BUREAU_MON	AMT_REQ_CREDIT_BUREAU_QRT	AMT_REQ_CREDIT_BUREAU_YEAR	previous_loan_counts
).0	0.0	0.0	0.0	1.0	8.0
).0	0.0	0.0	0.0	0.0	4.0
).0	0.0	0.0	0.0	0.0	2.0
aN	NaN	NaN	NaN	NaN	0.0
).0	0.0	0.0	0.0	0.0	1.0

図 3.5　application_train 内の欠損値

```
1: application_train['previous_loan_counts'].fillna(0, inplace=True)
2: application_train.head()
```

　今回は単純な仮説をもとに特徴量を作成しましたが，例えば「直近の申込履歴を重視して集計したい」など，さまざまな観点でデータセットを集約できます．このような考え方で，複数のファイルを結合して機械学習アルゴリズムに入力するためのデータを用意可能です．

対談⑩ 現実世界のデータ分析

 企業などで扱うデータは，基本的に複数テーブルにまたがっていることが多いですね．データベースの設計思想として「正規化」という概念があり，適度な粒度でテーブルを分割するのが望ましいとされています．

 「Home Credit Default Risk」コンペ[34] をやるだけでも，テーブルが多くて面倒だなという印象なんですが，実務はもっと面倒ですか？

 面倒かどうかは，社内のデータ基盤の整備度合いに依存する気がしますね．いまの会社は，ドキュメントもかなり整備されており，誰もがSQLを実行して比較的手軽にデータ収集できます．

 複数テーブルをKaggleで扱うのは，実務の練習になると思いますか？

 なりますね．私の場合は，Pandasを使った処理が相当速くなったと感じています．いろいろな処理を体験しているので，業務でも適したやり方を採用できたり，Kaggleで書いたソースコードを使い回したり．

 ソースコードを使い回せるのは大きいですよね．私もKaggleでコンペに参加して成績を残していることで，たまに知人などから仕事の依頼が来ることがあります．例えば，ディープラーニングのモデルの改善依頼では，過去に使ったことがあるモデルでいくつか試してみるだけでも目標性能に達したので，結果的にほぼコピペで終わることがありました．他には，類似のコンペで扱ったことがあるデータの仕事だったので，経験を話してモデリングのアドバイスをすると，とても喜んでもらえたりしました．

 実務では，Kaggleみたく小数点以下の数ポイントの性能を競うことは，そう多くありません．ただKaggleで得られた引き出しの多さは，いろんな場面で活きていると感じますね．私は最近の業務では新規サービスの立ち上げに関わっており，例えば会議で「機械学習で○○みたいなことできるのでは？」と話題になったときに，サクッと試すみたいな仕事もしています．前処理のやり方や，最初にどんな機械学習アルゴリズムを試すか，どうやって性能を検証するかなど，勘所が少なからずあるのは助かっていますね．

[34] Home Credit Default Risk
https://www.kaggle.com/c/home-credit-default-risk (Accessed: 30 November 2019).

3.2

画像データを扱う

Kaggle のコンペで扱うデータは，大きく分けて次の 3 種類があります．

- テーブルデータ
- 画像データ
- テキストデータ

　Titanic のデータはテーブルデータに該当しますが，他のコンペでは画像データやテキストデータを扱う場合も多いです．

　「PetFinder.my Adoption Prediction」[11] のように，3 種類すべてのデータを扱うコンペも存在します．テーブルデータとしてはペットの犬種や年齢，画像データとしてはペットの写真，テキストデータとしてはペットの説明文といった情報が提供されました（図 3.6）．

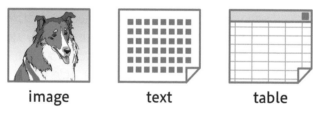

image　　　　　　text　　　　　　table

図 3.6　PetFinder.my Adoption Prediction で提供されたデータ

　本節と次節では，それぞれ画像データとテキストデータを扱う方法を解説します．とはいえ，近年に急速に発展を遂げる画像認識・自然言語処理分野を網羅的に紹介するのは現実的ではありません．

　本書では画像データとテキストデータを扱うコンペの概要を述べ，これまで学んできたテーブルデータを扱うコンペと比較して，共通する・異なる部分を簡潔に説明します．今後ご自身で取り組んでいくうえでの最初の取っ掛かりになるような内容を目指しています．

3.2.1　画像データを扱うコンペの概要

　ここでは，画像データを扱うコンペの概要を説明します．略して「画像コンペ」などと表現されることも多いです．

　画像コンペでは，画像認識分野で一般的な課題が出題されることが多いです[75]．具体的には，分類・検出・セグメンテーションなどが挙げられます．その他には「Adversarial Example」[76]，「Generative Adversarial Network (GAN)」[77]など具体的な技術に特化したコンペも開催されています．

分類

　分類の問題では，与えられた画像に対して，適切なラベルを推定します．出力は最も可能性の高いラベルの場合もあれば，ラベルと確率の場合もあります．

　図3.7は，ニューラルネットワークを用いた分類の問題の一例を示しています．左の猫の画像データを入力として，ニューラルネットワークは判定したラベルと確率を出力しています．

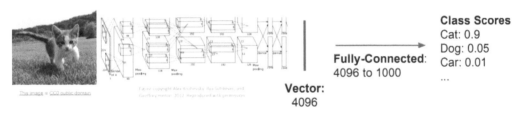

図 3.7　分類の問題の概要
（画像は「CS231n: Convolutional Neural Networks for Visual Recognition」[78] の講義資料[79] から引用）

検出

　検出の問題では，与えられた画像の中にある物体の場所・ラベルを推定します．どの粒度で何を検出すべきかは問題設定次第です．例えば図3.8では「DOG」「CAT」を出力していますが，犬の目や鼻の部分を抽出すべき場合もあります．

[75]　第9回：Kaggleの「画像コンペ」とは‒‒取り組み方と面白さを読み解く
　　　https://japan.zdnet.com/article/35140207/ (Accessed: 30 November 2019).

[76]　Adversarial Example
　　　https://arxiv.org/abs/1312.6199 (Accessed: 30 November 2019).

[77]　Generative Adversarial Network(GAN)
　　　https://arxiv.org/abs/1406.2661 (Accessed: 30 November 2019).

[78]　CS231n: Convolutional Neural Networks for Visual Recognition
　　　http://cs231n.stanford.edu/ (Accessed: 30 November 2019).

[79]　Lecture 11: Detection and Segmentation
　　　http://cs231n.stanford.edu/slides/2018/cs231n_2018_lecture11.pdf (Accessed: 30 November 2019).

図 3.8　検出の問題の概要
（画像は「CS231n: Convolutional Neural Networks for Visual Recognition」[78] の講義資料 [79] から引用）

セグメンテーション

　セグメンテーションの問題では，与えられた画像をいくつかの領域に塗り分けます．出力画像の見た目から「塗り絵」などと呼ばれることもあります．

　図 3.9 では，上部の猫・牛が写っている画像について，それぞれ下部で領域とラベルを推定しています．

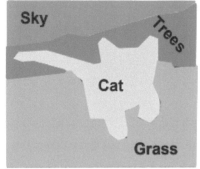 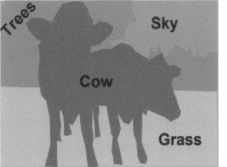

図 3.9 セグメンテーションの問題の概要
(画像は「CS231n: Convolutional Neural Networks for Visual Recognition」[78] の講義資料 [79] から引用)

Adversarial Example

2017年には「Neural Information Processing Systems (NeurIPS)」[80] という著名な国際会議に併設される形で，Adversarial Example を題材にしたコンペが開催されました[81]．画像コンペは，国際学会に併設されて開催されることも多い印象です．

Adversarial Example は，入力に対し人間が検知できない微量な変更を加えることで機械学習アルゴリズムの出力を大きく狂わせてしまう現象のことです．このコンペでは，出力を狂わせる「攻撃側」と，出力を狂わされにくい機械学習アルゴリズムを作る「防御側」の2部門が設けられました．

図3.10は，機械学習アルゴリズムが「panda（パンダ）」と正しく判別できている画像にノイズを加えると「gibbon（テナガザル）」と誤判定してしまう例です．より具体的な詳細については，4位に入賞した Preferred Networks のブログ[82] を参照してください．

[80] Neural Information Processing Systems (NeurIPS)
https://nips.cc/ (Accessed: 30 November 2019).

[81] NIPS 2017: Non-targeted Adversarial Attack
https://www.kaggle.com/c/nips-2017-non-targeted-adversarial-attack/ (Accessed: 30 November 2019).

[82] NIPS'17 Adversarial Learning Competition に参戦しました
https://research.preferred.jp/2018/04/nips17-adversarial-learning-competition/ (Accessed: 30 November 2019).

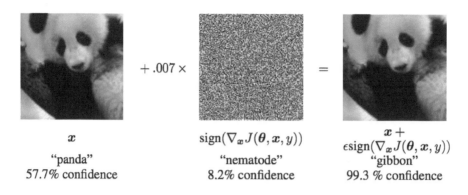

図 3.10　Adversarial Example の概要
（画像は「Explaining and Harnessing Adversarial Examples」[83] から引用）

GAN

　2019年には，新たにGANを題材にしたコンペも開催されました[84]．GANは画像の生成器と識別器という2種類のニューラルネットワークを組み合わせて精度の高い画像を生成する技術です（図3.11）．GANを用いて，いかに精度の高い画像を生成できるかを競う問題設定になっていました．

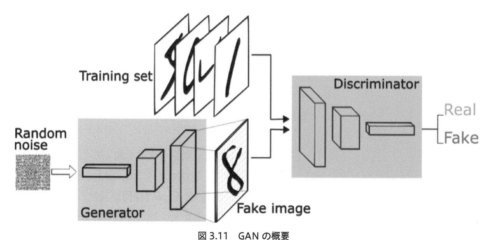

図 3.11　GAN の概要
（画像は「An intuitive introduction to Generative Adversarial Networks（GANs）」[85] から引用）

[83]　Explaining and Harnessing Adversarial Examples
https://arxiv.org/abs/1412.6572 (Accessed: 30 November 2019).

[84]　Generative Dog Images
https://www.kaggle.com/c/generative-dog-images (Accessed: 30 November 2019).

[85]　An intuitive introduction to Generative Adversarial Networks (GANs)
https://www.freecodecamp.org/news/an-intuitive-introduction-to-generative-adversarial-networks-gans-7a2264a81394/ (Accessed: 30 November 2019).

GANを用いずに評価指標を不当に最適化しようとする試みがはびこるなど，GANを題材にする難しさも露呈したコンペとなりました[86]．

3.2.2　テーブルデータと共通する・異なる部分

ここでは，これまで学んできたテーブルデータを扱うコンペと比較して，共通する・異なる部分を簡潔に説明します．

まず前提として機械学習の教師あり学習の枠組みである限り，学習用データセットの特徴量・目的変数の対応関係を機械学習アルゴリズムで学習して未知のデータセットに対する性能を得るという部分は共通です．

テーブルデータ同様，画像も数値データの集合に過ぎない点を考えると類似点が分かりやすいかもしれません．

以降，PyTorchの提供するチュートリアル「TRAINING A CLASSIFIER」[87]に沿って画像データを扱っていきます．

```
 1: import torch
 2: import torchvision
 3: import torchvision.transforms as transforms
 4:
 5:
 6: transform = transforms.Compose(
 7:     [transforms.ToTensor(),
 8:      transforms.Normalize((0.5, 0.5, 0.5), (0.5, 0.5, 0.5))])
 9:
10: trainset = torchvision.datasets.CIFAR10(root='./data', train=True,
11:                                   download=True, transform=transform)
12: trainloader = torch.utils.data.DataLoader(trainset, batch_size=4,
13:                                   shuffle=True, num_workers=2)
14:
15: testset = torchvision.datasets.CIFAR10(root='./data', train=False,
16:                                   download=True, transform=transform)
17: testloader = torch.utils.data.DataLoader(testset, batch_size=4,
18:                                   shuffle=False, num_workers=2)
```

まずはデータセットをダウンロードします．Notebooks環境を利用する場合は，右サイドバーの「Settings」にある「Internet」をOnにしておく必要があります（図3.12）．

[86]　Generative Dog Images
　　　https://speakerdeck.com/hirune924/generative-dog-images (Accessed: 30 November 2019).
[87]　TRAINING A CLASSIFIER
　　　https://pytorch.org/tutorials/beginner/blitz/cifar10_tutorial.html (Accessed: 30 November 2019).

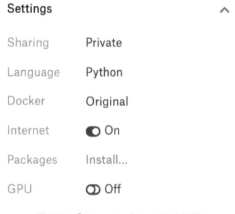

図 3.12　「Internet」を On にした状態

　今回利用するのは「CIFAR10」[88] と呼ばれる，10 種類のラベルが付与された画像分類の著名なデータセットです．

```
1: classes = ('plane', 'car', 'bird', 'cat',
2:            'deer', 'dog', 'frog', 'horse', 'ship', 'truck')
```

　画像を可視化した結果を図 3.13 に示します《5-12》．

```
 1: import matplotlib.pyplot as plt
 2: import numpy as np
 3:
 4:
 5: def imshow(img):
 6:     img = img / 2 + 0.5
 7:     npimg = img.numpy()
 8:     plt.imshow(np.transpose(npimg, (1, 2, 0)))
 9:     plt.show()
10:
11:
12: dataiter = iter(trainloader)
13: images, labels = dataiter.next()
14:
15: imshow(torchvision.utils.make_grid(images))
16: print(' '.join('%5s' % classes[labels[j]] for j in range(4)))
```

---

[88]　CIFAR10
　　　https://www.cs.toronto.edu/~kriz/cifar.html (Accessed: 30 November 2019).
《5-12》第 5 刷出版に合わせたサンプルコードでは，13 行目の「dataiter.next()」を「next(dataiter)」に変更しました．

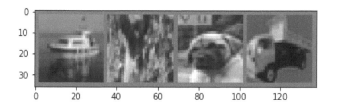

図 3.13 CIFAR10 のデータの表示

「batch_size=4」にしているため images には，4 枚の画像データが配列形式で含まれています．そ
れぞれの画像は縦横 32 ピクセル×32 ピクセルの RGB 値 (3 種類) のデータになっています．

```
1: images.shape
```

```
torch.Size([4, 3, 32, 32])
```

この画像 1 枚の数値データが，Titanic でのテーブル 1 行に対応しています．

```
1: images[0]
```

```
tensor([[[ 0.0824,  0.0510,  0.0510,  ...,  0.0745,  0.0745,  0.0902],
         [ 0.1137,  0.0745,  0.0588,  ...,  0.0980,  0.0980,  0.0980],
         [ 0.1294,  0.0902,  0.0745,  ...,  0.1137,  0.1059,  0.0980],
         ...,
         [-0.5686, -0.6000, -0.6157,  ..., -0.6549, -0.6549, -0.6314],
         [-0.5765, -0.6078, -0.6314,  ..., -0.6863, -0.7020, -0.6941],
         [-0.6000, -0.6235, -0.6549,  ..., -0.6941, -0.7020, -0.7098]],

        [[ 0.1137,  0.1059,  0.1216,  ...,  0.1294,  0.1294,  0.1216],
         [ 0.1373,  0.1137,  0.1216,  ...,  0.1373,  0.1373,  0.1294],
         [ 0.1373,  0.1137,  0.1216,  ...,  0.1373,  0.1294,  0.1216],
         ...,
         [-0.4745, -0.4824, -0.4902,  ..., -0.5294, -0.5373, -0.5137],
         [-0.4902, -0.4902, -0.4902,  ..., -0.5451, -0.5608, -0.5529],
         [-0.5059, -0.5059, -0.5137,  ..., -0.5529, -0.5608, -0.5686]],

        [[ 0.2078,  0.1922,  0.2000,  ...,  0.2157,  0.2157,  0.2157],
         [ 0.2157,  0.1843,  0.1922,  ...,  0.2078,  0.2157,  0.2078],
         [ 0.2078,  0.1843,  0.1843,  ...,  0.2078,  0.2000,  0.1922],
         ...,
```

```
        [-0.4510, -0.4745, -0.4824,  ..., -0.5294, -0.5294, -0.4980],
        [-0.4745, -0.4824, -0.4902,  ..., -0.5451, -0.5608, -0.5529],
        [-0.4902, -0.5059, -0.5137,  ..., -0.5529, -0.5608, -0.5686]]])
```

　テーブルデータと画像データを扱うに当たって，特に大きく異なるのは特徴量エンジニアリングの部分です．

　伝統的な画像認識では「画像のどこに注目し，何を特徴として取り出すか」という手続きが存在していました[89]．局所特徴量「SIFT」[90] などが有名です．SIFTなどを用いて画像を数値化した上で，ロジスティック回帰などの機械学習アルゴリズムに投入するやり方が採用されていました．このやり方はテーブルデータから特徴量を作っていく過程とも類似しています．

　ただし近年はニューラルネットワークの台頭に伴い，画像から特徴量を抽出する部分をニューラルネットワークに任せる手法が一般的です．詳細は割愛しますが，画像のデータセットをそのまま入力として利用し，ニューラルネットワークの高い表現力で有用な特徴量を獲得しています．この辺りは歴史も含めて『画像認識』[89] の第1章に記載されています．

　こういった背景もあり，画像コンペでは特徴量エンジニアリングよりも，ニューラルネットワークの構造設計に注力する面が大きい印象です．「第9回：Kaggleの「画像コンペ」とは‑‑取り組み方と面白さを読み解く」[75] では，論文を読みながら研究動向を追うなど，Kaggle Masterの矢野さんの画像コンペへの取り組み方がまとめられています．画像コンペの取り組み方については，Kaggle Masterのphalanxさんの発表資料[91] も参考になります．

　他にも，データセットのサイズの違いは大きいです．例えばTitanicの「train.csv」は61 KBですが，画像コンペのデータセットは10 GBを超えることも珍しくありません．機械学習アルゴリズムにも層の深いニューラルネットワーク（ディープラーニング）を利用する場合が多く，計算量が多いです．計算資源としてGPUが必須になる場合が多いでしょう．

　ここでは，PyTorchのチュートリアルの冒頭部分からソースコードを流用しました．チュートリアルの続きでは，GPUを用いてディープラーニングの一種「Convolutional Neural Network(CNN)」[92] を学習し，予測を実行しています．興味があれば，ぜひ取り組んでみてください．

[89] 原田達也，『画像認識』，講談社，2017

[90] Distinctive Image Features from Scale-Invariant Keypoints
https://www.robots.ox.ac.uk/~vgg/research/affine/det_eval_files/lowe_ijcv2004.pdf (Accessed: 30 November 2019).

[91] iMet 7th place solution & my approach to image data competition
https://speakerdeck.com/phalanx/imet-7th-place-solution-and-my-approach-to-image-data-competition?slide=30 (Accessed: 30 November 2019).

[92] Convolutional Neural Network (CNN)
https://www.deeplearningbook.org/front_matter.pdf (Accessed: 30 November 2019).

対談⑪ 画像コンペ体験談

私は画像コンペだと「APTOS 2019 Blindness Detection」[93] に参加しましたが，全然ダメでした．ソロでの参加で，1500位ぐらいの順位で，好スコアのNotebookにも負けるようなスコアでした．

特にテーブルデータと比べて，どの辺りに難しさがありましたか？

テーブルデータとの違いでいうと，1回の学習時間が長いのでトライアンドエラーをできる回数が少なかったですね．最新の情報を論文や直近の過去コンペなどから得る必要があるのが難しく，時間がかかりました．
他には，Discussionでこのネットワークを使うと良いスコアが出るという情報があって，参考にして学習したのですが，全然良いスコアが出なかったこともつらかったです．ネットワークの細かいところとか，ハイパーパラメータの設定などいくつか違いがあって，良いスコアが出なかったのかなと思います．

画像コンペだとGPUが必須だと思いますが，どの環境を使いましたか？

自宅のGPU搭載パソコンと，Notebooks環境のGPUを併用して使いました．コンペの途中で，Notebooks環境が不安定になったり，1週間での使用時間の制限ができたりしたのは大変でした．コンペ後にクラウドでGPUを使える環境を整えて，いま参加している画像のコンペではクラウドをメインに使っています．

画像コンペだとどの環境を使うかによって，できることにも差がありますよね．

そうですね．画像コンペにも，Notebooks環境だけでも参加できるコンペもありますし，データサイズが大きくて並みの環境だと参加が難しいコンペもあります．自分が参加したいコンペによって環境を整えたり，自分が使える環境からコンペを選んだりするなどが必要になりそうです．

[93] APTOS 2019 Blindness Detection
https://www.kaggle.com/c/aptos2019-blindness-detection (Accessed: 30 November 2019).

3.3

テキストデータを扱う

ここでは，テキストデータを扱う方法を解説します．

3.3.1　テキストデータを扱うコンペの概要

まず，テキストデータを扱うコンペの概要を説明します．自然言語処理（Natural Language Processing）が題材なので「NLP コンペ」などと表現されることも多いです．

自然言語処理の課題としては，一般に機械翻訳・分類・文生成・質問応答などが挙げられます．2019年から2020年にかけて開催された「TensorFlow 2.0 Question Answering」コンペ[94]は，質問応答が題材でした．

Kaggleではデータセットや採点の都合か，分類や回帰に帰着した出題が多い印象です．最近の例で言うと「Quora Insincere Questions Classification」コンペ[95]，「Jigsaw Unintended Bias in Toxicity Classification」コンペ[96]は，差別的な要素を含むかなど文章の有害度合いを予測するコンペでした．

3.3.2　テーブルデータと共通する・異なる部分

ここでは，これまで学んできたテーブルデータを扱うコンペと比較して，共通する・異なる部分を簡潔に説明します．

3.2節でも述べた通り，NLP コンペでも機械学習の教師あり学習の枠組みである限り，大まかな考え方は変わりません．学習用データセットの特徴量・目的変数の対応関係を機械学習アルゴリズムで学習して，未知のデータセットに対する性能を得るのが目的となります．

1つ大きく異なるのは，文章はそのままでは機械学習アルゴリズムで扱えないという点です．テーブルデータの特徴量のように，意味のあるベクトルとして見なす必要があります．

以降，テキストデータを扱っていきます．サンプルデータとしては，次の3文を利用します．

---

[94]　TensorFlow 2.0 Question Answering
　　　https://www.kaggle.com/c/tensorflow2-question-answering (Accessed: 30 November 2019).

[95]　Quora Insincere Questions Classification
　　　https://www.kaggle.com/c/quora-insincere-questions-classification/ (Accessed: 30 November 2019).

[96]　Jigsaw Unintended Bias in Toxicity Classification
　　　https://www.kaggle.com/c/jigsaw-unintended-bias-in-toxicity-classification (Accessed: 30 November 2019).

```
1: import pandas as pd
2:
3:
4: df = pd.DataFrame({'text': ['I like kaggle very much',
5:                             'I do not like kaggle',
6:                             'I do really love machine learning']})
```

これらの文は，このままでは機械学習アルゴリズムの入力として扱えません．文の特徴を可能な限り保持したまま何かしらの方法でベクトルに変換する必要があります．

Bag of Words

単純なアイディアとして，文で登場した単語の回数を数える方法があります．この方法は「Bag of Words」と呼ばれます．

```
1: from sklearn.feature_extraction.text import CountVectorizer
2:
3:
4: vectorizer = CountVectorizer(token_pattern=u'(?u)\\b\\w+\\b')
5: bag = vectorizer.fit_transform(df['text'])
6: bag.toarray()
```

```
array([[0, 1, 1, 0, 1, 0, 0, 1, 0, 0, 1],
       [1, 1, 1, 0, 1, 0, 0, 0, 1, 0, 0],
       [1, 1, 0, 1, 0, 1, 1, 0, 0, 1, 0]], dtype=int64)
```

arrayの中には3つの要素が存在し，それぞれが文に対応しています．1つ目の要素は$[0, 1, 1, 0, 1, 0, 0, 1, 0, 0, 1]$です．これは，indexの1, 2, 4, 7, 10に値する単語が文に含まれているという意味です．

各indexに対応している単語は，次のように確認できます．例えばindexが1になっている「i」は，すべての文章で1のフラグが立っています．indexが0で始まっている点に注意してください．

```
1: vectorizer.vocabulary_
```

```
{'i': 1, 'like': 4, 'kaggle': 2, 'very': 10, 'much': 7, 'do': 0, 'not': 8,
'really': 9, 'love': 5, 'machine': 6, 'learning': 3}
```

Bag of Wordsは単純で分かりやすい手法ですが，次のような弱点があります．

1 単語の珍しさを表現できていない
2 単語同士の近さを考慮できていない
3 文中の単語の順番に関する情報を捨ててしまっている

1点目について，文の特徴を捉えたいという目的ならば，「I」などの一般に文に多く登場する単語よりも「Kaggle」「machine learning」などの特徴的な単語を重要視したほうが良さそうです．2点目について，ここでは「like」と「love」を完全に別の単語として扱っており，この2つの単語が似ているという情報は使えていません．3点目について，文を単語に分割して考えることで文の意味を正確に捉えるのは難しくなっています．

TF-IDF

先に述べた1点目の問題に対処したのが，登場する単語の珍しさを考慮した「TF-IDF」と呼ばれる手法です．「Term Frequency」（単語の登場頻度）を数えるだけではなく，「Inverse Document Frequency」（ドキュメント内での登場頻度の逆数）を掛け合わせています．

```
 1: from sklearn.feature_extraction.text import CountVectorizer
 2: from sklearn.feature_extraction.text import TfidfTransformer
 3:
 4:
 5: vectorizer = CountVectorizer(token_pattern=u'(?u)\\b\\w+\\b')
 6: transformer = TfidfTransformer()
 7:
 8: tf = vectorizer.fit_transform(df['text'])
 9: tfidf = transformer.fit_transform(tf)
10: print(tfidf.toarray())
```

```
[[0.         0.31544415 0.40619178 0.         0.40619178 0.
  0.         0.53409337 0.         0.         0.53409337]
 [0.43306685 0.33631504 0.43306685 0.         0.43306685 0.
  0.         0.         0.56943086 0.         0.        ]
 [0.34261996 0.26607496 0.         0.45050407 0.         0.45050407
  0.45050407 0.         0.         0.45050407 0.        ]]
```

Bag of Wordsと同様に，arrayの中には3つの要素が存在し，それぞれが文に対応しています．

1文目をBag of WordsとTF-IDFで比較してみましょう．今回，各indexに対応している単語は両者で変わらないので，0より大きい値を含むindexは同じです．

- Bag of Words: [0, 1, 1, 0, 1, 0, 0, 1, 0, 0, 1]
- TF-IDF: [0., 0.31544415, 0.40619178, 0., 0.40619178, 0., 0., 0.53409337, 0., 0., 0.53409337]

違うのは，Bag of Wordsでは0か1のみの離散値をとるのに対して，TF-IDFでは0〜1の連続値をとっている点です．

TF-IDFでは「I」は0.31544415，「kaggle」と「like」は0.40619178，「very」と「much」は0.53409337の値が割り当てられています．「I」は3文すべてに登場している一方で，「very」と「much」は1文目にのみ存在しており，単語の珍しさに応じて大きな値になっていると読み取れます．

Word2vec

先に，Bag of Wordsの2つ目の問題点として「単語同士の近さを考慮できていない」と述べました．このような単語同士の意味の近さを捉えたベクトル化の手法として「Word2vec」などが挙げられます．

具体的な仕組みについては「絵で理解するWord2vecの仕組み」[97] や「word2vec（Skip-Gram Model）の仕組みを恐らく日本一簡潔にまとめてみたつもり」[98] が詳しいです．

```
1: from gensim.models import word2vec
2:
3:
4: sentences = [d.split() for d in df['text']]
5: model = word2vec.Word2Vec(sentences, size=10, min_count=1,
6:                           window=2, seed=7)
```

以上で学習が完了しました《5-13》．学習に用いた単語は，次のようにしてベクトル形式に変換できます．

```
1: model.wv['like']
```

```
array([-0.01043484, -0.03806506,  0.01846329,  0.04698185,  0.02265111,
       -0.0275427 ,  0.00458471,  0.04774009,  0.01365959,  0.01941545],
      dtype=float32)
```

次のようにして，学習に用いた単語の中から似ている単語を抽出できます．今回はデータセットが3文しかないので十分に単語の意味の近さを学習できていないようです．

```
1: model.wv.most_similar('like')
```

```
[('really', 0.3932609558105469),
 ('do', 0.348055530309677124),
 ('very', 0.29682281613349915),
 ('machine', 0.20769622921943665),
 ('learning', 0.08932216465473175),
 ('love', -0.035492151975631714),
 ('not', -0.13548487424850464),
 ('I', -0.2518322765827179),
 ('much', -0.40533819794654846),
 ('kaggle', -0.44660162925720215)]
```

[97]　絵で理解するWord2vecの仕組み
　　　https://qiita.com/Hironsan/items/11b388575a058dc8a46a (Accessed: 30 November 2019).
[98]　word2vec(Skip-Gram Model)の仕組みを恐らく日本一簡潔にまとめてみたつもり
　　　https://www.randpy.tokyo/entry/word2vec_skip_gram_model (Accessed: 30 November 2019).

《5-13》第5刷出版に合わせたサンプルコードでは，5行目の「size」を「vector_size」に変更しました．

　このようなアイディアで単語をベクトル化することで，文を機械学習アルゴリズムに入力として利用可能です．具体的には，次のような方法が挙げられます．

1　文に登場する単語のベクトルの平均を取る
2　文に登場する単語ベクトルの各要素の最大値を取る
3　各単語の時系列データとして扱う

1つ目は非常に単純なやり方です．今回の場合は5つの単語の平均を計算します．

```
1: df['text'][0].split()
```

```
['I', 'like', 'kaggle', 'very', 'much']
```

```
1: import numpy as np
2:
3:
4: wordvec = np.array([model.wv[word] for word in df['text'][0].split()])
5: wordvec
```

```
array([[ 0.03103545, -0.01161594, -0.04156914,  0.0151331 , -0.02015941,
         0.02498668,  0.01226169, -0.01423238,  0.0299348 , -0.0235391 ],
       [-0.01043484, -0.03806506,  0.01846329,  0.04698185,  0.02265111,
        -0.0275427 ,  0.00458471,  0.04774009,  0.01365959,  0.01941545],
       [ 0.00562139,  0.04261161,  0.01942341,  0.02058475, -0.04178216,
         0.0483778 ,  0.02867676, -0.03482581,  0.00596862,  0.01260627],
       [-0.00546305,  0.04037713, -0.02587517,  0.02301916,  0.03183642,
        -0.0372007 ,  0.03839479,  0.01596523,  0.02796198,  0.01038733],
       [-0.01727871,  0.03896596, -0.01460331, -0.01620135,  0.01536224,
         0.02102943,  0.00892776,  0.00372602,  0.02321487, -0.01123929]],
      dtype=float32)
```

```
1: np.mean(wordvec, axis=0)
```

```
array([ 0.00069605,  0.01445474, -0.00883218,  0.0179035 ,  0.00158164,
        0.0059301 ,  0.01856914,  0.00367463,  0.02014797,  0.00152613],
      dtype=float32)
```

　2つ目の方法では，平均ではなく各要素の最大値を計算します．この手法は「SWEM-max」[99]などと呼ばれています．

---

[99]　Baseline Needs More Love: On Simple Word-Embedding-Based Models and Associated Pooling Mechanisms
　　　https://arxiv.org/abs/1805.09843 (Accessed: 30 November 2019).

```
1: np.max(wordvec, axis=0)
```

```
array([0.03103545, 0.04261161, 0.01942341, 0.04698185, 0.03183642,
       0.0483778 , 0.03839479, 0.04774009, 0.0299348 , 0.01941545],
      dtype=float32)
```

3つ目の方法はwordvecのベクトルをそのまま時系列の入力として扱います．Bag of Wordsの3つ目の問題点として挙げた「文中の単語の順番に関する情報を捨ててしまっている」の部分に対応する手法となっています．

最近のKaggleのNLPコンペでは機械学習アルゴリズムとして，時系列性を扱える「Recurrent Neural Network（RNN）」などのニューラルネットワークが頻繁に使われています．文をベクトル化して機械学習アルゴリズムで予測する一連の流れは「Approaching (Almost) Any NLP Problem on Kaggle」[100]と題された優れたNotebookで解説されています．

直近のNLPコンペである「Jigsaw Unintended Bias in Toxicity Classification」[96]では汎用言語表現モデルの「BERT」[101]を用いた解法が目立ちました．このコンペでは終了1週間前に公開された「XLNet」[102]という機械学習アルゴリズムも利用されました．テーブルデータを扱うコンペと比較して，NLPコンペでは画像コンペ同様，研究の最新動向が積極的に使われている印象があります．

[100] Approaching (Almost) Any NLP Problem on Kaggle
https://www.kaggle.com/abhishek/approaching-almost-any-nlp-problem-on-kaggle (Accessed: 30 November 2019).

[101] BERT: Pre-training of Deep Bidirectional Transformers for Language Understanding
https://arxiv.org/abs/1810.04805 (Accessed: 30 November 2019).

[102] XLNet: Generalized Autoregressive Pretraining for Language Understanding
https://arxiv.org/abs/1906.08237 (Accessed: 30 November 2019).

日本語版 Wikipedia で学習した Word2vec

　今回はWord2vecの学習に利用したデータセットが3文しかなく，十分に単語の意味の近さを学習できていませんでした．ここでは日本語版 Wikipedia で事前に学習済のモデル[103]を用いて，Word2vecの性能を確認してみましょう．具体的な使い方は，学習済のモデルを公開している方のブログ記事[104]を確認してください．

```
1: from gensim.models import word2vec
2:
3:
4: sentences = word2vec.Text8Corpus('../input/ja.text8')
5: model = word2vec.Word2Vec(sentences, size=200)
6: model.wv.most_similar(['経済'])
```

```
[('財政', 0.7299449443817139),
 ('社会', 0.6902499794960022),
 ('政策', 0.6661311984062195),
 ('金融', 0.642406702041626),
 ('産業', 0.6378077268600464),
 ('政治', 0.6375346779823303),
 ('対外', 0.6313596963882446),
 ('農業', 0.6182191371917725),
 ('格差', 0.614835262298584),
 ('資本', 0.5951845645904541)]
```

「経済」に似ている単語として，学習に利用した単語の中から「財政」「社会」などが出力されました．

[103] ja.text8, https://github.com/Hironsan/ja.text8 (Accessed: 30 November 2019).
[104] 日本語版text8コーパスを作って分散表現を学習する
　　　https://hironsan.hatenablog.com/entry/japanese-text8-corpus (Accessed: 30 November 2019).

対談⑫ NLP コンペ体験談

 私はチームで参加した「Jigsaw Unintended Bias in Toxicity Classification」コンペ[96] で32位に入ることができました。チームメンバーに恵まれたのが大きいですが、初めてのNLPコンペで銀メダルをとれたのは、個人的には嬉しかったですね。

 NLPコンペならではの難しさみたいなのはありましたか？

 テーブルデータを扱うコンペと比べて、特徴量エンジニアリングよりもニューラルネットワークのハイパーパラメータ調整などに注力する違いは実感しましたね。

 私は参加していませんでしたがBERTを実戦投入していて、最新技術をコンペで試せるという点で、Kaggleの良い例だと思って眺めていました。

 BERTは2018年10月にGoogleが発表した、かなり新しいモデルですからね。ベースとなるNotebookが公開されていたという背景も大きいですが、ほぼすべての上位チームが主モデルとして使っていたと思います。
驚くべきことに「いくつかの評価指標でBERTを超えた」と主張する「XLNet」[102]を利用したチームもいました。XLNetは、2019年6月19日に発表された手法です。当時はコンペ終了まで残り約1週間にもかかわらず、Discussionで議論が交わされ、一部のチームは実際に試していました。本コンペではリソース制約が厳しいという背景もあって上位の解法には含まれていませんでしたが、すごい速度感の世界だなと思いました。

 u++さんは仕事でNLPに取り組むことも多いのでしょうか？

 そうですね、日本語のテキストデータを扱う案件も多いです。Kaggleで分析する言語はたいてい英語なので、日本語特有の処理をつけ加える必要はありますが、ソースコードの大部分は使い回せます。Discussionでは論文にはあまり載っていないような実装面での工夫が議論されていることもあり、Kaggleで得た知見が業務に活かせる例ですね。

3.4

第 3 章のまとめ

　本章では，Titanic では登場しない Kaggle の要素を紹介しました．具体的には，次のような内容を学びました．本章が，後に自分の力で開催中のコンペに参加するための取っ掛かりになれば嬉しいです．

- ☐ テーブルデータコンペにおける複数テーブルの扱い方
- ☐ 画像コンペの概要や画像データの扱い方
- ☐ NLP コンペの概要やテキストデータの扱い方

さらなる学びのために

　本章では締め括りとして，本書を読み終えた後に必要となりそうな情報を紹介します．参加するコンペの選び方や戦い方を紹介し，分析環境に関する情報や，お勧めの資料なども掲載しています．

本章の内容

- 4.1　参加するコンペの選び方
- 4.2　初学者にお勧めの戦い方
- 4.3　分析環境の選択肢
- 4.4　お勧めの資料・文献・リンク
- 4.5　第 4 章のまとめ

4.1

参加するコンペの選び方

Kaggleでは，常に10 〜 20程度のコンペが開催されています．

参加するコンペを選ぶことは，Kaggleに慣れていても難しいですが，初めての場合はどのように
コンペを選ぶと良いのかの判断基準も分からず，とても難しいでしょう．

ここでは判断基準となり得る項目の説明と，お勧めのコンペの選び方を説明します．開催状況によっ
ては，過去に開催されていたコンペに取り組む選択肢もあります．次のリンクが参考になります．

`https://kaggler-ja-wiki.herokuapp.com/kaggle`初心者ガイド`#`初心者お勧め過去
コンペ

- メダルの有無
- コンペで扱うデータ
- 開催期間
- Code Competitions

4.1.1　メダルの有無

メダルが獲得できるか否かは，参加するコンペを選ぶうえで重要なポイントです．

Titanicといったチュートリアル的なコンペなど，開催中でもメダルが獲得できないコンペも存在
します．一般にメダルが得られるコンペの方が，参加者の質が高く，人数も多くなります．参加人数
が多いと，NotebooksやDiscussionへの投稿も多く，学びが得られやすい環境になっています．

メダルが付与されるコンペかどうかは，各コンペのOverviewのページの下部にある「Tiers」で確
認できます (図4.1，図4.2)．

Tiers **This competition counts towards tiers**

図 4.1　メダルありの場合の表示

Tiers **This competition does not count towards tiers**

図 4.2　メダルなしの場合の表示

4.1.2　コンペで扱うデータ

自分が扱いたい種類のデータを選ぶと良いでしょう.

3章で説明した通り, Kaggleのコンペで扱うデータは, 大きく分けて次の3種類があります.

- テーブルデータ
- 画像データ
- テキストデータ

その他, 動画データや音声データなどが題材になる場合もあります.

各コンペにタグがつけられており, 表4.1のようなタグが設定されていれば, コンペで扱うデータが分かります. タグがつけられていないコンペもあり, その場合はOverviewやDataなどで扱うデータを確認しましょう.

表4.1　各コンペにつけられることが多いタグ

扱うデータの種類	つけられるタグ
テーブルデータ	tabular data
画像データ	image data
テキストデータ	nlp, text data
動画データ	video
音声データ	sound, audio data

4.1.3　開催期間

Kaggleのコンペの開催期間は, 通常2〜3カ月程度となっています. コンペ初参加の方は, すでに開催から一定時間が経過しており, コンペ終了までの期間が数週間〜1カ月程度のコンペがお勧めです.

開催から一定時間が経っていれば, NotebooksやDiscussionに充実した情報が集まっています. Vote数やコメント数で「良質な」情報が可視化されている点も大きいです. 公開されている情報を参考に自分のモデルを作り, 少しずつ改善を加えていくことができるでしょう.

いきなり全期間参加すると, 自分ができる分析手法が少なくて途中で飽きてしまう, コンペの全体像がつかめないまま長期間経過してしまうなどの懸念もあります. 終了が近いコンペに参加すると, 締切効果もあり, やる気を保ったまま最後まで走り切れる利点もあります.

コンペの終了時には最終結果に一喜一憂でき, 公開される上位者の解法からの学びもあります. Kaggleの魅力を一通り体験する意味でも, 終了が近いコンペへの参加はお勧めです.

4.1.4　Code Competitions

Code Competitionsは，Notebooks環境を用いてsubmitする必要があるコンペです．このコンペには，大きく分けて次の2つのルールのタイプがあります．

特徴量の作成，学習，テストデータの予測などすべての処理を1つのNotebookに記述する必要があるコンペ

テストデータを予測する処理をNotebookに記述する必要があり，特徴量の作成や学習はNotebookの外で行えるコンペ

前者は学習も含めてすべての処理で1つのNotebookを使う必要があります．環境による差がつきにくいルールと言えるでしょう．

後者は，学習はどこで行っても良いというルールです．Notebooks環境や自分のパソコンなどで作成した学習済のモデルをKaggle Datasetsにアップロードし，Notebookから読み込んでテストデータを予測できます．

Code Competitionsの場合は，Overviewに「Notebook Requirements」や「Code Requirements」などという項目があります．GPU・インターネットの利用可否や実行時間制限など，コンペごとの詳しいルールが記載されているので確認しましょう．

4

さらなる学びのために

4.2

初学者にお勧めの戦い方

ここでは，初学者にお勧めの戦い方を紹介します．
具体的な手順は次の通りです．

1　概要やルールの確認
2　データの確認
3　ベンチマークの作成
4　ベンチマークの改善
5　アンサンブルなどでスコアの上積みを狙う

> **note**
> **Kaggle ranking 1 位の方の戦い方**
>
> 　コンペの戦い方については，「Profiling Top Kagglers: Bestfitting, Currently #1 in the World」という現在 Kaggle ranking 1 位の方のインタビュー記事がとても参考になります．
>
> ```
> https://medium.com/kaggle-blog/profiling-top-kagglers-
> bestfitting-currently-1-in-the-world-58cc0e187b
> ```

4.2.1　概要やルールの確認

初めに，コンペが開催された目的や，解決したい課題を理解しましょう．

通常のコンペは，データを提供している企業などの知見をもっても難しい課題について，上位の解法を得ることを目的としています．難しい課題への挑戦に当たって，解決したい課題の理解は必須です．

まずは，Overview の Description を読んで，コンペの目的などを確認しましょう．Discussion に，データを提供している企業からの情報が投稿されている場合もあります．

評価指標を理解しておくことも大切です．コンペごとにどのような評価指標でスコアがつくのかは異なり，評価指標に応じたモデルを作る必要があります．

4.2.2 データの確認

コンペが開催された目的や評価指標を理解できたら，次はどのようなデータか確認しましょう．

データについては，コンペの期間を通じてさまざまな角度から見ていく必要があり，終わりのないタスクです．この段階では，自分でソースコードを書いてデータを確認したり，参加者が公開しているNotebookを見たりしてデータの最低限のイメージはつかめるようにします．

読むNotebookは，右のプルダウンで「Most Votes」でソートして選ぶと良いでしょう（図4.3）．

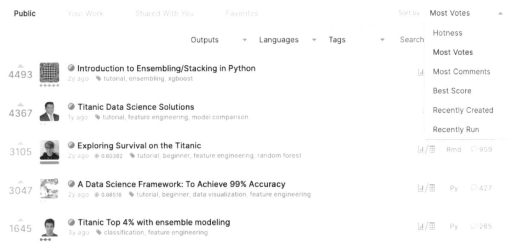

図 4.3　Most Votes でソートした例

特にソートして表示されたもののうち，「tutorial」，「eda」，「beginner」などのタグがついているNotebookはコンペのデータを丁寧に説明しているものが多く，読んでみると良いです．

Kaggleに慣れていないと，Notebookを読むのにとても時間がかかってしまい，落胆することもあるでしょう．しかし，1つのNotebookを理解すると，次のNotebookを読む場合には，共通することが書かれている部分があり，その箇所は簡単に読めるため短時間で読めるようになります．誰でも初めは時間がかかると理解し，1つずつソースコード動かしながら，Notebookを読み進めると良いでしょう．

note

Notebooksページの概要

コンペ内のNotebooksのページを開くと，次の4つのタブがあります．4つのタブには，それぞれ次のNotebookが表示されます．

- Public[5-14]：公開されたNotebook
- Your Work：自分のNotebook
- Shared With You：共有されたNotebook
- Favorites[5-15]：自分がupvoteしたNotebook

各タブには，Notebookの一覧が表示されます．
Notebookの一覧の左側には，図4.4のように，upvoteされた回数や，submitしたときのスコア，タグなどが表示されます．

図4.4　Notebooksの左側に表示される項目

Notebookの一覧の右側には，図4.5のように，どのプログラミング言語で書かれているかや，コメント数などが表示されます．

図4.5　Notebooksの右側に表示される項目

《5-14》「All」に変更されています．

《5-15》「Bookmarks」に変更されています．

4.2.3 ベンチマークの作成

つかんだデータのイメージをもとに，ベンチマークとなるモデルを作成しましょう．どのようにデータセットを分割して検証用データセットを構築するか，どのような機械学習アルゴリズムを使うかなどを考える必要があります．

自分でゼロからベンチマークを作成するのは，初めは難しい作業です．その場合は，公開されているNotebookを参考にすると良いでしょう．

「Best Score」でソートすると，そのNotebook経由でsubmitしたスコアの高い順に並べることができます（図4.6）．

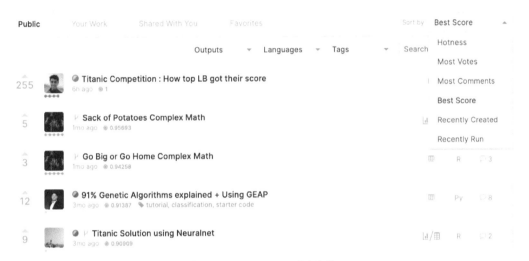

図4.6 Best Score でソートした例

タイトルやタグ，submitした際のスコアなどを参考にいくつかのNotebookを表示してみてみます．そうして気に入ったNotebookをそのまま使ったり，参考にしてベンチマークとしたりします．

複雑なNotebookやアンサンブルをしているNotebookはその後の改善が難しいため，シンプルなNotebookを選ぶほうが良いでしょう．

4.2.4 ベンチマークの改善

ベンチマークができたら，DiscussionやNotebooksなどを参考にしながら，特徴量の追加をするなどの改善を試みましょう．

改善を試みてもコンペによっては，スコアが上がらない結果ばかりになることもあります．スコアが上がらなくても気落ちせずに仮説を検証し，試行錯誤を重ねることが重要になります．

ここで，CVスコアとPublic LBのスコアの両者を確認することが大切です．Private LBのスコアを良くするという最終的な目的を見すえながら，改善を進めていきましょう．

コンペの Discussion では，CV スコアと Public LB のスコアについての考察が活発に議論されることが多いです．どのような方法で作った検証用データセットを信じるべきなのか，Public LB のスコアがどれだけ信頼できるのかなど，コンペごとに多くの議論が交わされています．

例えば，次のような観点があります．

- Public LB と Private LB の分割に偏りがないか
- CV スコアが上がったら，Public LB のスコアも上がるという「相関」があるか

Public LB と Private LB が均等に分割されており，CV スコアと Public LB のスコアに相関がある場合は，CV スコアを見ながら改善を進め，submit を重ねていくと良いでしょう．Public LB と Private LB の分割に偏りが疑われる場合，Private LB の分布を予想して検証用データセットを作ることもあります．

ベンチマークが改善したかどうかというモデルの評価は，データセットや課題設計などに強く依存します．コンペ中に 100% の自信をもって評価することは難しいですが，Discussion も参考にしながら，自分が信頼できるスコアを模索していきましょう．

効率的に実験を進めるために，慣れてきたら次のようなことに気をつけると良いでしょう．

- （データサイズが大きい場合には特に）特徴量を何度も作り直すことはせず，一度作った特徴量は保存しておき後から使えるようにする
- 複数回実行する処理はモジュール化する
- 実験の内容と結果をスプレッドシートなどに記録し，後から見返せるようにする
- 過去のコンペで使ったソースコードは整理しておく

Discussion ページの概要

Discussionは，参加者がコンペでの分析手法などについて議論をする場所です．

Notebooksと異なり Discussion では, upvoteだけではなくdownvote（反対票）も可能です．左端の数字は「upvote数 − downvote数」を示し，右端にはコメント数が表示されています（図4.7）.

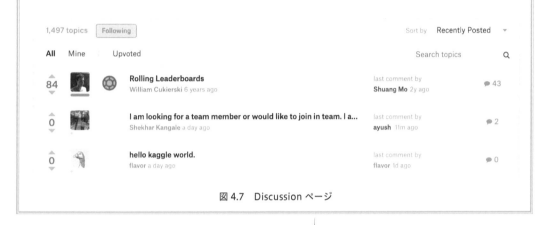

図 4.7　Discussion ページ

4.2.5　アンサンブルなどでスコアの上積みを狙う

コンペ終盤には，アンサンブルでスコアの上積みを目指しましょう．

慣れないうちはアンサンブルは難しく感じるかもしれませんが，seedを変えて複数の予想を作り単純平均するだけでも効果はあります．「Seed Averaging」と呼ばれる手軽に試せる手法なので，やってみましょう．

ハイパーパラメータの調整で伸ばせる余地もあります．

筆者（村田）は「ハイパーパラメータは特徴量を作るたびに調整してからsubmitするべきですか」というような質問を受けたことがありますが，通常はその必要はありません．パラメータの調整にも時間がかかり，相対的に特徴量エンジニアリングに比べて効果が出ることは少ないからです．パラメータ調整に時間をかけるのであれば，他の本質的なことに時間をかけ，パラメータの調整はコンペの終盤に一度行う程度など最低限にするのが効率的な時間の使い方です．

4.3

分析環境の選択肢

コンペに参加するに当たり「KaggleのNotebooks環境だけで足りるのか」,「自分のパソコンやクラウドを使う必要があるのか」ということは,良く質問を受けるテーマです.

初めはすぐに使うことができるNotebooks環境でコンペに参加してみるのが良いでしょう.Notebooks環境だけで金メダルを獲得したチームもあり,データサイズが大きい一部のコンペを除けば,Notebooks環境でも十分に戦うことができます.

Notebooks環境だとデータサイズが大きくて扱うのが難しかったり計算が遅かったりするなどの不都合があった場合に,自分のパソコンの拡充やクラウドの利用を検討すると良いでしょう.

本節では,それぞれの環境のメリットとデメリットを説明します.

4.3.1　Kaggle の Notebooks 環境のメリット・デメリット

KaggleのNotebooks環境のメリットは,環境構築が不要なことです.ブラウザからアクセスできる環境があれば,すぐに始められ,GPUも使えます.

プログラミングの初学者の場合,環境構築に時間がかかってしまう場合も多いです.そのため,Notebooks環境ですぐにデータを扱えるのは,大きなメリットです.

デメリットは,利用できるメモリやディスクのサイズが決まっていることです.そのため,一部のデータサイズが大きい画像コンペなどでは,Notebooks環境で取り組むのが難しいです.

同時に実行できるNotebook数にも制限があり,その数以上のNotebookを同時に動かして計算でききません.

4.3.2　自分のパソコンのメリット・デメリット

自分のパソコンのメリットは,環境を自由に作り構築できる点です.クラウドと比べると,利用料金を気にすることなく試行錯誤ができる魅力もあります.

Notebooks環境に不満がある場合などには,まずは自分のパソコンの購入が選択肢に挙がります.環境構築も簡単ではないですが,何も分からない初学者がクラウドを扱うよりは,敷居が低いのではないでしょうか.

実際に筆者(村田)も初学者でしたが,自分のパソコンを購入し,インターネットの情報を参考にしながら環境構築できました.

デメリットは，購入費用を用意する必要があることです．

> **note 購入したパソコン**
>
> 筆者（村田）は，2018年の夏に次のパソコンを購入しました．
>
> OS：Ubuntu 16.04LTS
> CPU：Corei7-8700
> メモリ：16GBx4
> GPU：GTX1080Ti
> HDD：2TB
> 価格：約33万円
>
> このパソコンは，ディープラーニング用として販売されているものから選びました．このパソコンでテーブルデータコンペや画像コンペに参加しています．
> Ubuntuを使うのは初めてでしたが，macOSと共通する操作も多く，問題なく使うことができました．

4.3.3　クラウドのメリット・デメリット

「クラウド」とは，インターネットを介してCPUとGPUなどの実行環境を得られるサービスです．使われることが多いクラウドサービスとしては，Google Cloud Platform（GCP）やAmazon Web Services（AWS）などがあります．

クラウドのメリットは，必要に応じて，自分が必要な量の計算資源が得られることです．

デメリットは，クラウドの環境構築や使用には，ある程度の慣れが必要であり，使い方を学ぶ必要があることです．

クラウドの使い方の情報源

　筆者（村田）は，クラウドを使う場合，価格が安いことなどからGCPを使用しています．ここでは，GCPを使うに当たり，参考にしたブログ記事などを紹介します．

　次のブログ記事は，どちらも丁寧に説明されておりとても参考になりました．前者はDockerを用いる方法，後者はDockerを用いない方法となっています．使い方を学ぶ必要はありますが，Dockerを使うと同じ環境を簡単に作れるというメリットがあります．

- GCPとDockerでKaggle用計算環境構築 [105]
- Kaggle用のGCP環境を手軽に構築 [106]

　筆者（村田）も，画像コンペ用途でGCPを使う方法をブログ記事 [107] にまとめています．

---

［105］GCPとDockerでKaggle用計算環境構築
　　　 https://qiita.com/lain21/items/a33a39d465cd08b662f1 (Accessed: 30 November 2019).
［106］Kaggle用のGCP環境を手軽に構築
　　　 https://qiita.com/hiromu166/items/2a738f7be49d88d8b599 (Accessed: 30 November 2019).
［107］Kaggleの画像コンペのためのGCPインスタンス作成手順 (2019年10月版)
　　　 https://www.currypurin.com/entry/2019/10/10/094133 (Accessed: 24 December 2020).

4.4

お勧めの資料・文献・リンク

Kaggleに取り組むに当たり，参考になる資料・文献・リンクなどを紹介します．ここでは特に，日本語の情報に限定しています．

4.4.1 kaggler-ja slack

https://yutori-datascience.hatenablog.com/entry/2017/08/23/143146

主に日本人のKagglerが集まっている「Slack」のワークスペースです．約7000人が参加しています．
質問が飛び交うチャンネルが活発で，参加して閲覧しているだけでも多くの知見が得られます．メールアドレスをフォームに入力するだけで，誰でも参加可能です．

4.4.2 kaggler-ja wiki

https://kaggler-ja.wiki/

kagger-ja slackで話題になった内容などを体系的にまとめたページです．次のようなコンテンツがまとめられています．

- kaggle初心者ガイド
- なんでもkaggle関連リンク
- 良くある質問
- 過去コンペ情報

4.4.3　門脇大輔ら，『Kaggle で勝つデータ分析の技術』，技術評論社，2019

```
https://gihyo.jp/book/2019/978-4-297-10843-4
```

　同書は，データ分析コンペのテーブルデータコンペに注力して書かれた「教科書」です．体系的かつ網羅的に知見がまとまっています．

　技法のみならず筆者および関係者の実体験に基づいた集合知も言語化されている点も魅力です．GitHub でサンプルコードも公開されています．

4.4.4　Kaggle Tokyo Meetup の資料・動画

　「Kaggle Tokyo Meetup」は，有志が開催している日本最大の Kaggle のイベントです．コンペで上位に入賞したチームの解法紹介を中心に，学びの多いイベントになっています．

　過去6回開催されており，それぞれ資料が公開されています（表4.2）．第4回は動画も公開されています．

表 4.2　Kaggle Tokyo Meetup の資料・動画一覧

回	URL
第1回	https://kaggler-ja.wiki/5e82184687ef5e0040104d40
第2回	https://kaggler-ja.wiki/5e82190787ef5e0040104d45
第3回	http://yutori-datascience.hatenablog.com/entry/2017/10/29/205433
第4回	https://connpass.com/event/82458/presentation/
第4回（動画）	https://www.youtube.com/watch?v=VMjnhGW2MgU&list=PLkBjLQIGEjJlciM9lEz1AsuZZ8lDgyxDu
第5回	https://connpass.com/event/105298/presentation/
第6回	https://connpass.com/event/132935/

4.5

第4章のまとめ

　本章では，本書を読み終えた後に必要となりそうな情報をまとめました．具体的には，次のような内容を学びました．本章の情報も踏まえて，ぜひご自身の力でコンペに取り組んでみてください．

- ☐　参加するコンペの選び方
- ☐　初学者にお勧めの戦い方
- ☐　分析環境の選択肢
- ☐　お勧めの資料・文献・リンク

対談⑬　Kaggle で勝つために．今後の目標

Kaggle Masterになって，賞金もとりましたが，Kaggleで学ぶことは尽きませんね．むしろKaggleを徐々に分かってきてからの方が，自分の知らないことばかりだと自覚しています．

「知らないことばかり」はまさにです．Kaggleは，他の参加者との競争なので，知らないことを学ぶことはKagglerの宿命なのかもしれません．

コンペのたびに，新しいことが学べるのは素晴らしいと思っています．まだ出たことのない画像コンペも，ぜひ挑戦したいですね．

私は，Kaggleに時間を費やしているほうだと思うのですが，それでも時間が足りなくて．仕事も好きだったゲームもやめて，Kaggleばかりやっています（笑）．仕事や学業がある他の方はどのように時間を作っているのか気になります．

Kaggleにハマる人は負けず嫌いな人が多くて，寝る間を惜しんで没頭する場合も多い気がしますね（笑）．

そういった情熱が，Kaggleで勝つためには大事だと思います．情熱がとても重要で，情熱があれば勉強も実験もできるしで，実力は後からついてくるんじゃないかと．

「全部やる」という気概は大切ですね．何が効くか分からないですが，とにかく仮説を立てて思いつくことは試していくのがKaggleで勝つうえで重要だなと思っています．

u++さんは，Kaggleでの今後の目標はありますか？

まずソロでの金メダルはとりたいですね．そしてCompetitionsだけでなく，NotebooksやDiscussionでもKaggle Masterを狙っていきたいです．

私はKaggle Grandmasterを目指したいです．コンペの企画にも興味があります．エンターテイメントとしての成功を模索したいです．

それは興味深いですね．私は2019年12月に開催された「Kaggle Days Tokyo」というイベントでコンペ開催側にまわりましたが，参加するのとは別の楽しさがありました．Kaggleを通じて，いろいろな可能性が拓けているなと感じます．

私は1年半前は，ほぼ機械学習初学者だったのですが，1年半Kaggleに真剣に取り組んだら，本を書くチャンスをもらえたし，仲間にも出会えました．Kaggleのコミュニティは，素晴らしいですし，感謝しています．

Kaggleが絶対ではないですが，ハマる人はハマると思います．少しでも興味をもった方には，ぜひ一度手を動かしてみてほしいですね．

すごくそう思います！

サンプルコード詳細解説

　ここでは，本書のサンプルコードを詳細に解説します．Python 初学者を想定し，変数・リストなどのプログラミングの基礎的な内容も取り扱います．分かりやすさを優先して，一部の Notebook 内のセルを分割・結合して扱っている場合があります．すでに説明した内容と重複する場合などは，解説を割愛しています．

本章の内容

● A.1　第 2 章 Titanic に取り組む
● A.2　第 3 章 Titanic の先に行く

A.1 第2章 Titanic に取り組む

A.1.1 2.1 まずは submit！ 順位表に載ってみよう

本節の内容は，次節と重複するため割愛します．

A.1.2 2.2 全体像を把握！ submit までの処理の流れを見てみよう

本節では，データの読み込みから機械学習モデルでの学習・予測，submit までの一連の流れを実行します．

大まかな流れは次の通りです．

1　パッケージの読み込み
2　データの読み込み
3　特徴量エンジニアリング
4　機械学習アルゴリズムの学習・予測
5　submit

パッケージの読み込み

```
1: import numpy as np
2: import pandas as pd
```

まずは，以降の処理で利用する「パッケージ」を読み込みます．パッケージとは，標準では搭載されていない便利な機能のことです．「import（パッケージ名）」のように宣言して読み込みます．「import する」とも言います．

頻繁に利用するため，npやpdという短い別名をつけてimportするのが一般的です．

データの読み込み

```
1: train = pd.read_csv('../input/titanic/train.csv')
2: test = pd.read_csv('../input/titanic/test.csv')
3: gender_submission = pd.read_csv('../input/titanic/gender_submission.csv')
```

　ここでは，データセットを読み込みます．Pandasに含まれるread_csv()を利用します．読み込みたいファイルのパスを指定することで，データセットをpandas.DataFrameと呼ばれる形式で読み込んでいます．括弧の中に与える値のことを引数（ひきすう）と呼びます．

　一般にプログラミングにおける「＝」は代入を示します．例えば1行目はtrainという変数の中にpd.read_csv()で読み込んだ結果を格納するという意味です．

```
1: gender_submission.head()
```

　pandas.DataFrame.head()は，pandas.DataFrameの上から数行の中身を返します．表示する行数は引数で指定でき，特に指定しない場合は5行になります．

```
1: data = pd.concat([train, test], sort=False)
```

　trainとtestを一括で処理するために縦に結合し，dataという新しいpandas.DataFrameを作っています．

　pandas.concat()では，第1引数に結合したいpandas.DataFrameのリストを渡します．リストとは，複数のデータをまとめる箱のようなもので，[]内にコンマ (,) 区切りで列挙します．「sort=False」とすることで，列をソートしないよう指定しています．

```
1: data.isnull().sum()
```

　ここではdata内の各列の欠損値の数を計算しています．pandas.DataFrame.isnull()は，すべての要素について，欠損値かどうかの真偽値を返します．pandas.DataFrame.sum()で列方向に足し合わせることで，列ごとの欠損値の数が分かるという仕組みです．

特徴量エンジニアリング

```
1: data['Sex'].replace(['male', 'female'], [0, 1], inplace=True)
```

　ここではpandas.Series.replace()を用いて，値を置換します．Sexのmaleを0に，femaleを1に変換しています．

　第1引数に変換前，第2引数に変換後のリストを与えることで値を変換できます．ここではそれ

それ「['male', 'female']」，「[0, 1]」と指定しています．「inplace=True」とすることで，pandas.DataFrameを変換後のものに置き換えています．

　pandas.Seriesは，pandas.DataFrame内の1つの列を指すデータ型です．複数のpandas.Seriesが列方向に結合されてpandas.DataFrameが構成されていると捉えることも可能です．

```
1: data['Embarked'].fillna('S', inplace=True)
2: data['Embarked'] = \
3:     data['Embarked'].map({'S': 0, 'C': 1, 'Q': 2}).astype(int)
```

　ここではEmbarkedの欠損値を補完した後に，文字を数値に変換しています．

　pandas.Series.fillna()では，第1引数に欠損値を補完する値を指定し，欠損を補完できます．ここでは，この列の最頻値であるSで補完しています．

　その次の行ではpandas.Series.map()を使いSを0，Cを1，Qを2に変換しています．

　今回の場合，先のpandas.Series.replace()と似た処理になります．ただしpandas.Series.map()では，元のデータに変換を指示していない値が存在した場合，np.nan（欠損値）に置き換わります．pandas.Series.replace()の場合は特定の値を変換し，指定がない値についてはそのまま保持します．

```
1: data['Fare'].fillna(np.mean(data['Fare']), inplace=True)
```

　ここではFareの欠損値を補完しています．補完する値をnp.mean(data['Fare'])として，Fareの平均としています．

```
1: age_avg = data['Age'].mean()
2: age_std = data['Age'].std()
3: data['Age'].fillna(np.random.randint(age_avg - age_std, age_avg + age_std),
4:                    inplace=True)
```

　ここではAgeの欠損値を補完しています．

　補完する値は，少し複雑ですがAgeの平均値と標準偏差をもとに乱数で決定しています．具体的には「平均値−標準偏差」から「平均値＋標準偏差」の間の整数値からランダムに決定した値で補完しています．

```
1: delete_columns = ['Name', 'PassengerId', 'SibSp',
2:                   'Parch', 'Ticket', 'Cabin']
3: data.drop(delete_columns, axis=1, inplace=True)
```

　ここでは，今回使用しない列を削除しています．

　pandas.DataFrame.drop()では，第1引数に削除する列を指定します．「axis=1」とすることで，列の削除という指定しています．「axis=0」の場合は行の削除を意味します．

```
1: train = data[:len(train)]
2: test = data[len(train):]
```

　ここでは，これまでtrainとtestを連結して処理してきたdataを分割します．

　dataの後ろについている[:len(train)]は「インデクシング」と呼ばれるデータの取り出し方です．
[(開始位置) : (終了位置)]のように指定します．省略した場合は，開始位置は「最初から」，終了位置は「最後まで」の意味になります．

　data[:len(train)]は，dataのうち「最初からlen(train)番目まで」を取り出したpandas.DataFrameとなります．len(train)はtrainの行数を示しています．

```
1: y_train = train['Survived']
2: X_train = train.drop('Survived', axis=1)
3: X_test = test.drop('Survived', axis=1)
```

　ここでは，機械学習アルゴリズムの入力とするためpandas.DataFrameを特徴量と目的変数に分割します．trainのSurvivedをy_trainに，Survived以外をX_trainにしました．testのSurvived以外は，X_testにしています．

機械学習アルゴリズムの学習・予測

```
1: from sklearn.linear_model import LogisticRegression
2:
3:
4: clf = LogisticRegression(penalty='l2', solver='sag', random_state=0)
5: clf.fit(X_train, y_train)
6: y_pred = clf.predict(X_test)
```

　ここでは，ロジスティック回帰で学習・予測しています．

　まずsklearn.linear_modelのLogisticRegression()を読み込み，clfとして使えるようにしています．clfは，Classifier（分類器）を略したものです．引数としては，損失（penalty）に「L2正則化」，解の探索手法（solver）に「sag (Stochastic Average Gradient)」，乱数のseed (random_state) に0を指定しています．

　次にclf.fit(X_train, y_train)で，X_trainとy_trainの対応関係を学習します．次いでclf.predict(X_test)で，X_testに対する予測を行っています．

　clf.fit()で学習しclf.predict()で予測するのは，sklearnの機械学習アルゴリズムを使う場合に共通する書き方です．

submit

```
1: sub = pd.read_csv('../input/titanic/gender_submission.csv')
2: sub['Survived'] = list(map(int, y_pred))
3: sub.to_csv('submission.csv', index=False)
```

ここでは，submit用のファイルを作成し，csvファイルに書き出しています．

1行目では，submit用のcsvファイルのサンプルを読み込み，subに格納しています．2行目ではsubのSurvivedに，y_predを整数にした値を代入しています．

3行目ではsubをsubmission.csvというcsvファイルに書き出しています．「index=False」とすることで，ファイル保存時に，pandas.DataFrameの行のindex番号を付与しないようにしています．

A.1.3　2.3 次の一手を見い出す！　探索的データ分析をしてみよう

本節では，Pandas Profilingを用いたデータ概要の把握と，各特徴量と目的変数との関係を可視化しています．

```
1: import pandas as pd
2: import pandas_profiling
3:
4: train = pd.read_csv('../input/titanic/train.csv')
5: train.profile_report()
```

ここでは，学習用データセットを読み込み，pandas_profilingを使っています．

1行目ではpandasをpdという別名で読み込み，2行目ではpandas_profilingをimportしています．

4行目では，学習用データセットを読み込み，trainに格納しています．

5行目では，trainの概要を表示しています．pandas.DataFrame.profile_report()を用いることで，決められた様式でpandas.DataFrameの概要を表示できます．

```
1: import matplotlib.pyplot as plt
2: import seaborn as sns
```

ここでは，描画するときに使うパッケージであるmatplotlib.pyplotをplt，seabornをsnsという別名でimportしています．

```
1: plt.hist(train.loc[train['Survived'] == 0, 'Age'].dropna(),
2:          bins=30, alpha=0.5, label='0')
3: plt.hist(train.loc[train['Survived'] == 1, 'Age'].dropna(),
4:          bins=30, alpha=0.5, label='1')
5: plt.xlabel('Age')
```

```
6: plt.ylabel('count')
7: plt.legend(title='Survived')
```

　ここでは，生存者と死亡者別にAgeのヒストグラムを表示しています．

　1行目では，ヒストグラムを表示するmatplotlib.pyplot.hist()の第1引数にtrain.loc[train['Survived'] == 0, 'Age'].dropna()を指定しています．trainのSurvivedが0のAgeを取得し，欠損値は削除するという意味です．

　pandas.DataFrame.loc[]では，行ラベルと列ラベルを指定することで，pandas.DataFrameの一部を取得できます．ここでは，行ラベルは「train['Survived'] == 0」でSurvivedが0（死亡者），列ラベルはAgeを選択し，死亡者の年齢を取得しています．欠損値が含まれているため，pandas.Series.dropna()で欠損値は削除しています．

　bins引数では，ビン（表示する棒）の数を指定します．

　alpha引数では，透過度を指定します．デフォルトでは1.0となっており透過しませんが，今回は2つのヒストグラムを同時に表示するため0.5を指定し，透過するようにしています．label引数では，凡例で表示される表示名を指定します．

　3行目では，生存者の年齢のヒストグラムを表示するため，matplotlib.pyplot.hist()の第1引数をtrain.loc[train['Survived'] == 1, 'Age'].dropna()にしています．label引数は'1'にしています．binsとalphaは2行目と同様です．

　5行目と6行目では，x軸とy軸のラベルを指定しています．

　7行目では，凡例を表示しています．matplotlib.pyplot.legend()では，それまでにlabel引数で指定した名前が凡例に表示されます．title引数では，凡例のタイトルを指定します．

```
1: sns.countplot(x='SibSp', hue='Survived', data=train)
2: plt.legend(loc='upper right', title='Survived')
```

　ここでは，SibSpとSurvivedの件数を棒グラフで表示しています．

　seaborn.countplot()のx引数では，集計したい列名を指定します．hue引数では，x引数を分割して集計したい列名を指定します．data引数では，pandas.DataFrameを指定します．

　matplotlib.pyplot.legend()のloc引数では，upper rightを指定し，凡例を右上に配置しています．loc引数を指定しない場合は，凡例は自動で配置されます．

```
1: sns.countplot(x='Parch', hue='Survived', data=train)
2: plt.legend(loc='upper right', title='Survived')
```

　ここでは，ParchとSurvivedの件数を棒グラフで表示しています．

　引数の指定の説明は，1つ前のseaborn.countplot()，matplotlib.pyplot.legend()と同様であるため割愛します．

```
1: plt.hist(train.loc[train['Survived'] == 0, 'Fare'].dropna(),
2:         range=(0, 250), bins=25, alpha=0.5, label='0')
3: plt.hist(train.loc[train['Survived'] == 1, 'Fare'].dropna(),
4:         range=(0, 250), bins=25, alpha=0.5, label='1')
5: plt.xlabel('Fare')
6: plt.ylabel('count')
7: plt.legend(title='Survived')
8: plt.xlim(-5, 250)
```

ここでは，生存者と死亡者別にFareのヒストグラムを表示しています．

1行目と3行目では，第1引数で生存者または死亡者の運賃を取得しています．

range引数では，ビンを作成する最小値と最大値を指定します．複数のヒストグラムを同時に表示するときはビンの条件などを揃えたほうが比較しやすいです．今回のデータでは250以上の運賃は少ないので，ここでは(0, 250)としています．その他の引数は，1つ前のAgeのヒストグラムと同様です．

5行目から7行目では，1つ前のAgeのヒストグラムと同様にx軸とy軸のラベル，凡例を指定しています．

8行目では，matplotlib.pyplot.xlim()で，x軸は−5 ～ 250の範囲を表示するよう指定しています．このようにmatplotlib.pyplot.xlim()では第1引数で最小値，第2引数で最大値を指定し，表示する範囲を指定できます．y軸の範囲を指定する場合はmatplotlib.pyplot.ylim()を用います．

```
1: sns.countplot(x='Pclass', hue='Survived', data=train)
```

ここでは，PclassとSurvivedの件数を棒グラフで表示しています．

引数の指定の説明は，割愛します．

```
1: sns.countplot(x='Sex', hue='Survived', data=train)
```

ここでは，SexとSurvivedの件数を棒グラフで表示しています．

引数の指定の説明は，割愛します．

```
1: sns.countplot(x='Embarked', hue='Survived', data=train)
```

ここでは，EmbarkedとSurvivedの件数を棒グラフで表示しています．

引数の指定の説明は，割愛します．

A

サンプルコード詳細解説

A.1.4　2.4 ここで差がつく！ 仮説に基づいて新しい特徴量を作ってみよう

本節では，特徴量エンジニアリングを学びます．

```
1: import seaborn as sns
2:
3:
4: data['FamilySize'] = data['Parch'] + data['SibSp'] + 1
5: train['FamilySize'] = data['FamilySize'][:len(train)]
6: test['FamilySize'] = data['FamilySize'][len(train):]
7: sns.countplot(x='FamilySize', data=train, hue='Survived')
```

ここではdataにFamilySizeという新しい列を作成し，その値は「Parch（同乗している親・子供）＋ SibSp（同乗している兄弟姉妹らと配偶者）＋ 1」として，家族の人数の列を作成しています．

1行目では，可視化のパッケージであるseabornをsnsとしてimportしています．5行目と6行目では，trainとtestに作成したFamilySizeを振り分けています．7行目でseaborn.countplot()で件数を集計しています．x引数に集計したい列，data引数にpandas.DataFrame，hue引数に色分けしたい変数を指定します．

A.1.5　2.5 勾配ブースティングが最強？！ いろいろな機械学習アルゴリズムを使ってみよう

本節では，A.1.2節のロジスティック回帰を別の機械学習アルゴリズムに差し替えています．最初にsklearnのランダムフォレスト，次にLightGBMに変更しています．

大まかな流れはA.1.2節と変わらず次の通りで，4の部分のみが変更されています．

1　パッケージの読み込み
2　データの読み込み
3　特徴量エンジニアリング
4　機械学習アルゴリズムの学習・予測
5　submit

```
1: from sklearn.ensemble import RandomForestClassifier
2:
3:
4: clf = RandomForestClassifier(n_estimators=100, max_depth=2, random_state=0)
5: clf.fit(X_train, y_train)
6: y_pred = clf.predict(X_test)
```

ここでは，sklearnのランダムフォレストで学習・予測しています．

1行目では，sklearnのランダムフォレスト実装であるRandomForestClassifier()をimportしています．4行目では，RandomForestClassifier()のモデルを呼び出しています．n_estimatorsでtree数，max_depthで木の深さ，random_stateで乱数のseedを指定しています．

5行目と6行目は，ロジスティック回帰と同様です．

続いては，LightGBMです．

```
1: from sklearn.model_selection import train_test_split
2:
3:
4: X_train, X_valid, y_train, y_valid = \
5:     train_test_split(X_train, y_train, test_size=0.3,
6:                        random_state=0, stratify=y_train)
```

sklearnのtrain_test_splitを用いて，学習用と検証用のデータセットに分割しています．train_test_splitの引数には，第1引数と第2引数にX_trainとy_trainを入れ，test_sizeで検証用データセットに用いる割合，random_stateで乱数のseed，stratifyにy_trainを指定しています．2.7.4節で説明したように，stratifyにy_trainを指定することで，分割後の学習用データセットと検証用データセットの割合が等しくなります．

```
1: import lightgbm as lgb
2:
3:
4: lgb_train = lgb.Dataset(X_train, y_train,
5:                          categorical_feature=categorical_features)
6: lgb_eval = lgb.Dataset(X_valid, y_valid, reference=lgb_train,
7:                          categorical_feature=categorical_features)
8:
9: params = {
10:     'objective': 'binary'
11: }
```

ここでは，lightGBMで学習するための準備をしています．

1行目では，LightGBMをlgbとしてimportしています．

4行目と6行目では，学習用データセットと検証用データセットをlightgbm.Datasetを使って作成しています．lightgbm.Datasetの第1引数にはX（特徴量），第2引数にはy（目的変数）を渡します．カテゴリ変数がある場合には，categorical_featureで指定し，検証用データセットにはreferenceで学習用データセットのlightgbm.Datasetを渡します．

```
1: model = lgb.train(params, lgb_train,
2:                    valid_sets=[lgb_train, lgb_eval],
3:                    verbose_eval=10,
```

```
4:                         num_boost_round=1000,
5:                         early_stopping_rounds=10)
6:
7: y_pred = model.predict(X_test, num_iteration=model.best_iteration)
```

ここでは，学習と予測を行っています．

```
1: y_pred = (y_pred > 0.5).astype(int)
2: sub['Survived'] = y_pred
3: sub.to_csv('submission_lightgbm.csv', index=False)
```

ここでは，submit用のファイルを作成し，csvファイルに書き出しています．今回はpredの値として，0～1の連続値が入っています．

ここでは「y_pred > 0.5」ならば「y == 1」，そうでなければ「y == 0」という離散値に変換します．「y_pred > 0.5」で真偽値（TrueもしくはFalse）が得られるので，astype(int)で「1もしくは0」に変換しています．

A.1.6　2.6 機械学習アルゴリズムのお気持ち？！ ハイパーパラメータを調整してみよう

本節では，LightGBMのハイパーパラメータを調整しています．手動による調整部分は割愛し，Optunaを用いる部分のソースコードを解説します．

```
1: import optuna
2: from sklearn.metrics import log_loss
3:
4:
5: def objective(trial):
6:     params = {
7:         'objective': 'binary',
8:         'max_bin': trial.suggest_int('max_bin', 255, 500),
9:         'learning_rate': 0.05,
10:        'num_leaves': trial.suggest_int('num_leaves', 32, 128),
11:    }
12:
13:    lgb_train = lgb.Dataset(X_train, y_train,
14:                            categorical_feature=categorical_features)
15:    lgb_eval = lgb.Dataset(X_valid, y_valid, reference=lgb_train,
16:                           categorical_feature=categorical_features)
17:
18:    model = lgb.train(params, lgb_train,
19:                      valid_sets=[lgb_train, lgb_eval],
20:                      verbose_eval=10,
21:                      num_boost_round=1000,
22:                      early_stopping_rounds=10)
```

```
23:
24:    y_pred_valid = model.predict(X_valid,
25:                                  num_iteration=model.best_iteration)
26:    score = log_loss(y_valid, y_pred_valid)
27:    return score
```

1行目ではOptuna，2行目では損失関数を計算するためのlog_lossをimportしています．

5行目以降は，Optunaで最適化するための関数を定義しています．Optunaは，returnで返す値が最小になるようなハイパーパラメータを探索してくれます．

最初のparamsでは，ハイパーパラメータの探索範囲を設定しています．7〜10行目は，それぞれ次のような設定です．

objectiveはbinaryで固定

max_binは255〜500の間の整数値を探索

learning_rateは0.05で固定

num_leavesは32〜128の間の整数値を探索

13〜22行目は，前節同様にLightGBMを学習させています．

その後，24〜26行目では検証用データセットに対する性能を調べています．性能は冒頭でimportしたlog_lossを用いて測ります．この指標は損失なので，小さいほど望ましいです．

```
1: study = optuna.create_study(sampler=optuna.samplers.RandomSampler(seed=0))
2: study.optimize(objective, n_trials=40)
```

1行目では，Optunaの最適化のためのセッションを作成します．「sampler=optuna.samplers. RandomSampler(seed=0)」とすることで乱数を固定しています．

2行目で，Optunaの計算を実行します．第1引数に最小化したい関数を渡します．n_trialsは実行回数で，ここでは小さめの40回としています．

```
1: study.best_params
```

計算を経て，今回の範囲で最適な値をとったハイパーパラメータがstudy.best_paramsに格納されました．

```
1: params = {
2:     'objective': 'binary',
3:     'max_bin': study.best_params['max_bin'],
4:     'learning_rate': 0.05,
5:     'num_leaves': study.best_params['num_leaves']
6: }
```

```
 7:
 8: lgb_train = lgb.Dataset(X_train, y_train,
 9:                         categorical_feature=categorical_features)
10: lgb_eval = lgb.Dataset(X_valid, y_valid, reference=lgb_train,
11:                        categorical_feature=categorical_features)
12:
13: model = lgb.train(params, lgb_train,
14:                   valid_sets=[lgb_train, lgb_eval],
15:                   verbose_eval=10,
16:                   num_boost_round=1000,
17:                   early_stopping_rounds=10)
18:
19: y_pred = model.predict(X_test, num_iteration=model.best_iteration)
```

ここではstudy.best_paramsの値を用いて，LightGBMを学習・予測し直しています．

A.1.7　2.7 submit のその前に！ 「Cross Validation」の大切さを知ろう

本節では，ホールドアウト検証と交差検証，データセットの分割方法を扱います．ホールドアウト検証については，2.5節や2.6節と同様なので割愛します．

交差検証（Cross Validation）

ここでは，交差検証を実装しています．

```
 1: from sklearn.model_selection import KFold
 2:
 3:
 4: y_preds = []
 5: models = []
 6: oof_train = np.zeros((len(X_train),))
 7: cv = KFold(n_splits=5, shuffle=True, random_state=0)
 8:
 9: categorical_features = ['Embarked', 'Pclass', 'Sex']
10:
11: params = {
12:     'objective': 'binary',
13:     'max_bin': 300,
14:     'learning_rate': 0.05,
15:     'num_leaves': 40
16: }
17:
18: for fold_id, (train_index, valid_index) in enumerate(cv.split(X_train)):
19:     X_tr = X_train.loc[train_index, :]
20:     X_val = X_train.loc[valid_index, :]
21:     y_tr = y_train[train_index]
22:     y_val = y_train[valid_index]
23:
```

```
24:     lgb_train = lgb.Dataset(X_tr, y_tr,
25:                         categorical_feature=categorical_features)
26:     lgb_eval = lgb.Dataset(X_val, y_val, reference=lgb_train,
27:                         categorical_feature=categorical_features)
28:
29:     model = lgb.train(params, lgb_train,
30:                     valid_sets=[lgb_train, lgb_eval],
31:                     verbose_eval=10,
32:                     num_boost_round=1000,
33:                     early_stopping_rounds=10)
34:
35:     oof_train[valid_index] = \
36:         model.predict(X_val, num_iteration=model.best_iteration)
37:     y_pred = model.predict(X_test, num_iteration=model.best_iteration)
38:     y_preds.append(y_pred)
39:     models.append(model)
```

1行目では，交差検証のためのデータ分割を実装するためのKFoldをimportします．

4〜6行目は，各分割で生まれたデータを保存するための受け皿です．それぞれ，詳細は次の通りです．

　　各分割でのX_testに対する予測値を格納するリスト
　　各分割で学習したモデルを格納するリスト
　　各分割での検証用データセット（X_val）に対する予測値を格納するnumpy.ndarray

7行目では，分割方法を設定しています．ここではKFoldの第1引数として分割数（n_splits）を5としています．続いて「shuffle=True」とすることで，データセットを分割前にシャッフルしています．「shuffle=False」にした場合は，現状のデータセットの順番のままで分割されます．

18行目では，設定した分割方法に基づいて，各分割での学習用・検証用データセットに対応するindexを取得しています．enumerateを用いて，要素と同時に各分割のindex（fold_id）も取得しています．今回，fold_idは利用していませんが，モデルを個別に保存する場合などにファイル名として使うことが可能です．

19〜22行目は，各fold_idで取得したindexに基づいて，データセットを分割しています．ここで，X_trとX_valはpandas.DataFrame，y_trとy_valはnumpy.ndarrayです．indexの指定方法が両者で異なる点に注意しましょう．

35〜36行目では，各分割での検証用データセット（X_val）に対する予測値を格納しています．先に作成したoof_trainというnumpy.ndarrayに埋め込んでいます．

37〜38行目では，各分割でのX_testに対する予測値を，先に作成したy_predsというリストに格納しています．39行目では，各分割で学習したモデルを先に作成したmodelsというリストに格納しています．

```
1: pd.DataFrame(oof_train).to_csv('oof_train_kfold.csv', index=False)
```

ここでは，oof_train を csv 形式で保存しています．to_csv() は numpy.ndarray では使えないので，先に pandas.DataFrame に変換しています．

```
1: scores = [
2:     m.best_score['valid_1']['binary_logloss'] for m in models
3: ]
4: score = sum(scores) / len(scores)
5: print('===CV scores===')
6: print(scores)
7: print(score)
```

ここでは，各分割のモデルの検証用データセットに対する性能を表示しています．「CV スコア」として，平均も計算しています．

```
1: from sklearn.metrics import accuracy_score
2:
3:
4: y_pred_oof = (oof_train > 0.5).astype(int)
5: accuracy_score(y_train, y_pred_oof)
```

ここでは，oof_train に対する性能を，正解率で評価しています．1 行目では正解率を計算するための accuracy_score を import しています．4 行目では 0 〜 1 の連続値を「1 もしくは 0」の離散値に変換し，5 行目で正解率を計算しています．

```
1: len(y_preds)
```

y_preds は各分割でのデータを保存しているので，大きさを確認すると CV 数と一致します．

```
1: y_preds[0][:10]
```

fold_id が 0 の場合の予測値は，このように確認できます．

```
1: y_sub = sum(y_preds) / len(y_preds)
2: y_sub = (y_sub > 0.5).astype(int)
```

y_preds に保存されている各分割での予測値を平均した値を，最終的な submit に利用します．1 行目では平均を計算，2 行目で連続値を離散値に変換しています．

データセットの分割方法

```
 1: from sklearn.model_selection import KFold
 2:
 3:
 4: cv = KFold(n_splits=5, shuffle=True, random_state=0)
 5: for fold_id, (train_index, valid_index) in enumerate(cv.split(X_train)):
 6:     X_tr = X_train.loc[train_index, :]
 7:     X_val = X_train.loc[valid_index, :]
 8:     y_tr = y_train[train_index]
 9:     y_val = y_train[valid_index]
10:
11:     print(f'fold_id: {fold_id}')
12:     print(f'y_tr y==1 rate: {sum(y_tr)/len(y_tr)}')
13:     print(f'y_val y==1 rate: {sum(y_val)/len(y_val)}')
```

　ここでは，KFoldを用いた場合の各分割での学習用・検証用データセット内の「y==1」の割合を出力しています．「f'fold_id: {fold_id}'」はPythonの3.6というバージョンから導入された「f文字列」と呼ばれる記法です．最初にfをつけ，変数は{}で括ることで文字列の中に取り入れることができます．

```
 1: from sklearn.model_selection import StratifiedKFold
 2:
 3:
 4: cv = StratifiedKFold(n_splits=5, shuffle=True, random_state=0)
 5: for fold_id, (train_index, valid_index) in enumerate(cv.split(X_train,
 6:                                                       y_train)):
 7:     X_tr = X_train.loc[train_index, :]
 8:     X_val = X_train.loc[valid_index, :]
 9:     y_tr = y_train[train_index]
10:     y_val = y_train[valid_index]
11:
12:     print(f'fold_id: {fold_id}')
13:     print(f'y_tr y==1 rate: {sum(y_tr)/len(y_tr)}')
14:     print(f'y_val y==1 rate: {sum(y_val)/len(y_val)}')
```

　ここでは，KFoldをStratifiedKFoldに差し替えています．4行目の分割方法の設定では，引数の中身を変えていません．

　5行目に変更がありcv.split(X_train)がcv.split(X_train, y_train)となっています．StratifiedKFoldでは，y_trainをもとにした分割を実行してくれます．

A.1.8　2.8 三人寄れば文殊の知恵！ アンサンブルを体験しよう

本節では，csvファイルによるアンサンブルを試します．

```
1: import pandas as pd
2:
3:
4: sub_lgbm_sk = \
5:     pd.read_csv('../input/submit-files/submission_lightgbm_skfold.csv')
6: sub_lgbm_ho = \
7:     pd.read_csv('../input/submit-files/submission_lightgbm_holdout.csv')
8: sub_rf = pd.read_csv('../input/submit-files/submission_randomforest.csv')
```

ここでは，これまで作成したランダムフォレストとLightGBMによるcsvファイルを利用します．
最初に，各予測値の相関を計算します．

相関を計算するためにはpandas.DataFrame.corr()が利用できます．同一のpandas.DataFrame
内の列同士の相関を計算してくれるので，事前に各予測値をdfというpandas.DataFrameにまとめ
ました（図A.1）．

```
1: df = pd.DataFrame({'sub_lgbm_sk': sub_lgbm_sk['Survived'].values,
2:                    'sub_lgbm_ho': sub_lgbm_ho['Survived'].values,
3:                    'sub_rf': sub_rf['Survived'].values})
4: df.head()
```

	sub_lgbm_sk	sub_lgbm_ho	sub_rf
0	0	0	0
1	0	0	1
2	0	0	0
3	0	0	0
4	0	0	1

図 A.1　df の表示

```
1: df.corr()
```

pandas.DataFrame.corr()を実行すると，列同士の相関が計算されます．

```
1: sub = pd.read_csv('../input/titanic/gender_submission.csv')
2: sub['Survived'] = sub_lgbm_sk['Survived']
3:                    + sub_lgbm_ho['Survived']
4:                    + sub_rf['Survived']
5: sub.head()
```

ここからは，多数決で予測値を決めるアンサンブルを実行します．subのSurvivedには，各submitのSurvivedの和を代入します．それぞれの行は，例えばすべてが1だった場合は3，sub_lgbm_skのみが1だった場合は1の値をとります．

```
1: sub['Survived'] = (sub['Survived'] >= 2).astype(int)
2: sub.to_csv('submission_lightgbm_ensemble.csv', index=False)
3: sub.head()
```

ここでは多数決で最終的な予測値（0か1）を決めます．それぞれの行の値が2以上のときは最終的な予測値を1としています．

A.2

第3章 Titanic の先に行く

A.2.1 3.1 複数テーブルを扱う

本節では，複数テーブル（複数のcsvファイル）がある場合の処理の例を説明します．
大まかな流れは次の通りです．

1　サブファイルで集計する
2　主ファイルにサブファイルで集計したデータをマージする

```
1: import pandas as pd
2:
3:
4: application_train = \
5:     pd.read_csv('../input/home-credit-default-risk/application_train.csv')
6: application_train.head()
```

ここでは，2章と同様にPandasをimportし，主ファイルのapplication_train.csvをpandas.
read_csv()を使ってapplication_trainに格納しています．pandas.DataFrame.head()で，先頭の
5行を表示しています．

```
1: bureau = pd.read_csv('../input/home-credit-default-risk/bureau.csv')
2: bureau.head()
```

同様に，サブファイルのbureau.csvを読み込んでbureauに格納し，先頭の5行を表示しています．

```
1: previous_loan_counts = \
2:     bureau.groupby('SK_ID_CURR',
3:                    as_index=False)['SK_ID_BUREAU'].count().rename(
4:                    columns={'SK_ID_BUREAU': 'previous_loan_counts'})
5: previous_loan_counts.head()
```

ここでは，SK_ID_CURRごとに出現回数をカウントし，SK_ID_BUREAUをprevious_loan_

countsに列名を変更しています．少し複雑な処理ですが，順に説明します．

pandas.DataFrame.groupby() は，同じ値をもつデータをまとめて集計をしたい場合に使います．第1引数でどの列が同じ値をもつデータをまとめるか指定し，ここではSK_ID_CURRを指定しています．

as_index引数をTrueにすると第1引数で指定した列がindexとなり，Falseにするとindexにはなりません．このとき，indexは0から始まる連番となります．

ここまでの処理で，SK_ID_CURRが同じ値をもつデータごとに，他の列をAggregation（集計）する準備ができました．今回は，['SK_ID_BUREAU'].count()を指定して，SK_ID_BUREAUの値の出現回数を数えています．

良く使うAggregationの関数としては，表A.1のものがあります．

表 A.1　良く使う Aggregation の関数

関数	説明
count	出現回数を数える
mean	平均値を算出
var	分散を算出
std	標準偏差を算出
max	最大値を算出
min	最小値を算出

pandas.Series.rename(columns={'SK_ID_BUREAU': 'previous_loan_counts'}) は，SK_ID_BUREAUという列名をprevious_loan_countsに変更する処理です．pandas.DataFrame.rename() では，columns引数に変換前と変換後の辞書を与えることで，列名を変更できます．

```
1: application_train = pd.merge(application_train, previous_loan_counts,
2:                      on='SK_ID_CURR', how='left')
```

ここでは，applicationとprevious_loan_countsの結合をしています．pandas.merge() では，第1引数と第2引数に，左のpandas.DataFrameと右のpandas.DataFrameを指定します．on引数では，どの列をキーに結合するか，how引数で結合方法を指定します．ここでは，SK_ID_CURRとleftを指定し，左のpandas.DataFrameであるapplication_trainのSK_ID_CURRを使用して結合しています．

マージ前とマージ後のpandas.DataFrameは図A.2のようになります．application_trainは列数が多いため一部の列を表示しています．

application_train		
	SK_ID_CURR	TARGET
0	100002	1
1	100003	0
2	100004	0
3	100006	0
4	100007	0

previous_loan_counts		
	SK_ID_CURR	previous_loan_counts
0	100001	7
1	100002	8
2	100003	4
3	100004	2
4	100005	3
5	100007	1

結合後のapplication_train			
	SK_ID_CURR	TARGET	previous_loan_counts
0	100002	1	8.0
1	100003	0	4.0
2	100004	0	2.0
3	100006	0	NaN
4	100007	0	1.0

図 A.2　マージ前後の pandas.DataFrame

```
1: application_train['previous_loan_counts'].fillna(0, inplace=True)
2: application_train.head()
```

previous＿loan＿countsの欠損値は0に置き換えています．

A.2.2　3.2 画像データを扱う

本節では，PyTorchの提供するチュートリアル「TRAINING A CLASSIFIER」[87] に沿って，PyTorchで画像データを扱うコードを説明します．大まかな流れは，次の通りです．

1　画像をミニバッチで扱うための準備
2　ミニバッチで取得した画像を表示する

```
1: import torch
2: import torchvision
3: import torchvision.transforms as transforms
```

1行目では，PyTorchのtorchをimportしています．torchはNumPyのようなパッケージで，大量の数値計算が必要になる画像データの処理などに使われます．

2行目では，PyTorchの画像関連のデータセットやモデルなどのパッケージであるtorchvisionをimportしています．

3行目では，torchvisionの画像変換の機能であるtorchvision.transforms()をtransformsという名前でimportしています．

```
1: transform = transforms.Compose(
2:     [transforms.ToTensor(),
3:      transforms.Normalize((0.5, 0.5, 0.5), (0.5, 0.5, 0.5))])
4:
5: trainset = torchvision.datasets.CIFAR10(root='./data', train=True,
6:                                     download=True, transform=transform)
7: trainloader = torch.utils.data.DataLoader(trainset, batch_size=4,
```

```
 8:                                               shuffle=True, num_workers=2)
 9:
10: testset = torchvision.datasets.CIFAR10(root='./data', train=False,
11:                                     download=True, transform=transform)
12: testloader = torch.utils.data.DataLoader(testset, batch_size=4,
13:                                          shuffle=False, num_workers=2)
14:
15: classes = ('plane', 'car', 'bird', 'cat',
16:            'deer', 'dog', 'frog', 'horse', 'ship', 'truck')
```

ここでは，「CIFAR10」[88] と呼ばれる10種類ラベルが付与された画像データをダウンロードし，学習用データセットやテストデータとして使えるよう準備しています．

画像データは，numpy.ndarray で，(height, width, channel) という形式です．CIFAR10 の場合は，縦横32ピクセル×32ピクセルの RGB 値 (3種類) で，(32, 32, 3) の numpy.ndarray になっています．値は 0 ~ 255 をとります．

transforms.Compose() では，引数のリストに処理を指定することで，順に画像を処理できます．ここでは，transforms.ToTensor() で numpy.ndarray を Tensor というデータ型に変換しています．(height, width, channel) から (channel, height, width) という順へ変換し，255で割って値を 0 ~ 1 にしています．次に，transforms.Normalize((0.5, 0.5, 0.5), (0.5, 0.5, 0.5)) で Tensor の値を -1 ~ 1 に変換しています．

transforms.Normalize() の第1引数と第2引数では，Tensor から引く値と割る値を指定します．今回は，0.5を引くことで値が -0.5 ~ 0.5 となり，次に0.5で割ることで -1 ~ 1 となっています．

今回は，-1 ~ 1 に変換をしましたが，学習用データセットの channel ごとの平均値と標準偏差を transforms.Normalize() の引数に指定し標準化することも多いです．

torchvision.datasets.CIFAR10() は，CIFAR10 の画像をダウンロードするクラスです．download 引数でデータダウンロードの要否を指定し，True の場合には，root 引数で指定したディレクトリにデータがダウンロードされます．train 引数で学習用データセットかテストデータかを指定し，transform 引数では画像に適用する処理を指定します．

torch.utils.data.DataLoader() は画像をミニバッチで扱うためのクラスです．通常の学習では，一度に画像のすべてをメモリに載せることができないため，一度に扱う画像数を決めて計算します．ここでは，batch_size 引数を4とし，4枚ずつ扱うよう指定しています．第1引数ではデータセットを指定します．shuffle 引数を True にすると画像がランダムに選ばれ，False にするとシャッフルせずに順に出力されます．num_workers 引数では画像の読み込みに使う CPU のコア数を指定します．

ここまでの処理で，trainloader は，CIFAR10 の学習用データセットから，4枚ずつ画像をランダムに選び，画像とラベルを出力する DataLoader となっています．

```
1: import matplotlib.pyplot as plt
2: import numpy as np
3:
4:
```

```
 5: def imshow(img):
 6:     img = img / 2 + 0.5
 7:     npimg = img.numpy()
 8:     plt.imshow(np.transpose(npimg, (1, 2, 0)))
 9:     plt.show()
10:
11:
12: dataiter = iter(trainloader)
13: images, labels = dataiter.next()
14:
15: imshow(torchvision.utils.make_grid(images))
16: print(' '.join('%5s' % classes[labels[j]] for j in range(4)))
```

ここでは，trainloaderで出力される4枚の画像とラベルの表示しています．

初めに，描画用のパッケージであるmatplotlib.pyplotをplt，numpyをnpという別名でimportしています．

次に入力したTensorを，画像として表示するimshowという関数を定義しています．6行目では，transforms.Normalize((0.5, 0.5, 0.5), (0.5, 0.5, 0.5))の反対の処理である「Tensorを2で割って0.5を足す」という計算を行い，値を0〜1の範囲に戻しています．7行目では，Tensorをnumpy.ndarrayにしています．8行目と9行目では，入力したTensorは（channel, height, width）という順になっているため，（height, width, channel）という順に変換し，画像として表示しています．

12行目と13行目では，trainloaderから画像とラベルを取得しています．

15行目では，torchvision.utils.make_grid()で画像を表示しています．

16行目では，4つのラベルを連結し1つの文字列として表示する処理をしています．データセットは乱数のseedを固定せずにシャッフルされているので，表示される文字列は本書やサンプルコードと異なる可能性があります．出力される文字列は1行で多くの処理をしているため複雑ですが，4つの処理に分解して順に説明します．

1つ目は，(j for j in range(4))です．「（新しい要素）for（各要素を示す変数）in（元となる要素の集まり）」のようにして，元となる要素の集まりから順に得たい要素を作成する書き方です．ここでは，range(4)が作成した「0, 1, 2, 3」という要素の集まりの値を順に得ています．例えば(j * 2 for j in range(4))に変更すると「0, 2, 4, 6」の順に値が得られます．

2つ目は，'%5s' % classes[labels[j]]です．中央の%の前で指定する形式に基づき，後の値を文字列に埋め込みます．'%5s'は最小の文字列幅が5という指定です．これより短い場合には，前に空白スペースが足されます．ここでは，(classes[labels[j]]for j in range(4))で得られる4つの文字列に対して，5文字未満の場合は前に空白スペースが足されます．

3つ目は' '.join()です．引数として入力された文字列を.joinの前で指定した区切り文字を用いて連結します．ここでは，4つの文字列が区切り文字の半角スペースで連結されて1つの文字列になります．

最後にこの連結された文字列をprint()で表示しています．

```
1: images.shape
```

ここでは，画像の形状を表示しています．torch.Size([4, 3, 32, 32]) と表示され，4枚の画像，3チャンネル（赤緑青），高さ32ピクセル，横32ピクセルというデータであると分かります．

```
1: images[0]
```

ここでは，1枚目の画像データの値を表示しています．

A.2.3 3.3 テキストデータを扱う

本節では，サンプルのテキストデータを，次の3つの方法でベクトルに変換します．

1 Bag of Words
2 TF-IDF
3 Word2vec

```
1: import pandas as pd
```

ここでは，pandas を pd という別名で import しています．

```
1: df = pd.DataFrame({'text': ['I like kaggle very much',
2:                             'I do not like kaggle',
3:                             'I do really love machine learning']})
4: df
```

ここでは，pandas.DataFrame() で，新しく pandas.DataFrame を作成しています．df を表示すると図A.3のようになります．

	text
0	I like kaggle very much
1	I do not like kaggle
2	I do really love machine learning

図 A.3 df の表示

```
 1: from sklearn.feature_extraction.text import CountVectorizer
 2:
 3:
 4: vectorizer = CountVectorizer(token_pattern=u'(?u)\\b\\w+\\b')
 5: bag = vectorizer.fit_transform(df['text'])
 6: bag.toarray()
```

ここでは「Bag of Words」で，文で登場した単語の回数を数えてベクトル化しています．

1行目では，sklearnのCountVectorizer()をimportしています．

4行目ではCountVectorizer()を呼び出しています．引数のtoken_patternでは，数える単語のパターンを正規表現という形式で指定します．ここでは文字列長が1の単語を処理対象に含めるという指定をしています．この指定をしないと，文字列長が2以上の単語のみ処理することになります．

5行目では，vectorizerでdfのtextの単語の回数を数え，6行目でnumpy.ndarrayに変換しています．

```
 1: print(vectorizer.vocabulary_)
```

ここでは「vocabulary_」で，各indexに対応する単語を表示しています．

```
 1: from sklearn.feature_extraction.text import CountVectorizer
 2: from sklearn.feature_extraction.text import TfidfTransformer
 3:
 4:
 5: vectorizer = CountVectorizer(token_pattern=u'(?u)\\b\\w+\\b')
 6: transformer = TfidfTransformer()
 7:
 8: tf = vectorizer.fit_transform(df['text'])
 9: tfidf = transformer.fit_transform(tf)
10: print(tfidf.toarray())
```

ここでは，TF-IDFで文をベクトル化しています．1行目と2行目では，sklearn.feature_extraction.textの「CountVectorizer」と「TfidfTransformer」をimportしています．

5行目と6行目では，CountVectorizerとTfidfTransformerを呼び出しています．

8行目では先ほどと同様に，CountVectorizer()で学習してtfに格納し，9行目ではTfidfTransformer()で学習しています．

10行目では，tfidfをnumpy.ndarrayに変換し表示しています．

```
 1: from gensim.models import word2vec
 2:
 3:
 4: sentences = [d.split() for d in df['text']]
 5: model = word2vec.Word2Vec(sentences, size=10, min_count=1, window=2, seed=7)
```

ここでは，word2vecでベクトル化しています．

1行目では，word2vecをimportしています．

4行目では「リスト内包表記」を用いて，dfのtextを空白区切りでリストに入れ新たなリストにしています．リスト内包表記とは「[(新しいリストの要素) for (リストの各要素を示す変数) in (元となるリスト)]」のように新しいリストを作成する方法です．ここでは，次のリストを作成しています．

```
1: [['I', 'like', 'kaggle', 'very', 'much'],
2:  ['I', 'do', 'not', 'like', 'kaggle'],
3:  ['I', 'do', 'really', 'love', 'machine', 'learning']]
```

5行目では，word2vecで学習しています．第1引数には学習する文章を指定し，size引数では出力するベクトルの次元を指定，min_count引数では学習に用いる単語の出現回数の下限を指定します．window引数では学習に使う単語の前後数を指定し，seed引数では乱数のseedを指定します．なおword2vecの場合，seedを指定するだけでは再現性を担保できず，結果は実行ごとに異なります．

```
1: model.wv['like']
```

このように「like」の箇所に学習に用いた単語を入力することで，学習に用いた単語をベクトル形式に変換できます．

```
1: model.wv.most_similar('like')
```

model.wv.most_similar()では，第1引数に入力した単語と似ている，学習に用いた単語の上位10個が表示されます．

```
1: df['text'][0].split()
```

ここでは，df['text']の1つ目の文である「I like kaggle very much」をstr.split()を用いて分割し「['I', 'like', 'kaggle', 'very', 'much']」にしています．

```
1: import numpy as np
2:
3:
4: wordvec = np.array([model.wv[word] for word in df['text'][0].split()])
5: wordvec
```

ここでは，word2vecで単語を1つずつベクトル化しています．4行目では，「['I', 'like', 'kaggle', 'very', 'much']」を順にmodel.wvでベクトルにしており，wordvecは5行10列のnumpy.ndarrayとなっています．

```
1: np.mean(wordvec, axis=0)
```

　ここでは，np.mean()で平均を計算しています．「axis=0」とすることで列ごとの平均という指定になります．5行10列の配列を列ごとに平均を計算しているため，10列のnumpy.ndarrayとなります．

```
1: np.max(wordvec, axis=0)
```

　ここではnp.max()で，最大値を計算しています．先ほどと同様に「axis=0」で列ごとの平均という指定をしているため，10列のnumpy.ndarrayとなります．

おわりに

　本書では，Pythonを用いてKaggleに取り組みました．初学者向けチュートリアルのTitanicを通じてKaggleの基礎を学び，次なるコンペにご自身の力で取り組むための知見も学びました．

　本書を終えた後は，ぜひメダルが獲得できる開催中のコンペに参加してみてください．読者の皆さまと，KaggleのLeaderboard上でお会いできるのを楽しみにしています．

謝辞

　本書の作成に当たり，多くの方々にご協力いただきました．レビューにご協力いただいた方々に，この場を借りて感謝いたします．

　押条祐哉さん，中塚祐喜さん，大越拓実さん，菊池元太さんには，本書の文章・サンプルコードをレビューしていただきました．筆者 (石原) が，優勝した「PetFinder.my Adoption Prediction」[11] で「[kaggler-ja] Wodori」としてチームを組んだ4名です．大越さんはKaggle Grandmaster，押条さん・中塚さん・菊池さんはKaggle Masterの称号をもっており，記述内容も含めて深く議論に参加していただきました．

　　押条祐哉さん (kaerururu)：https://www.kaggle.com/kaerunantoka
　　中塚祐喜さん (ynktk)：https://www.kaggle.com/naka2ka
　　大越拓実さん (takuoko)：https://www.kaggle.com/takuok
　　菊池元太さん (gege)：https://www.kaggle.com/gegege

　奥田継範さん，あおもみさんには，筆者（村田）が執筆した『Kaggleのチュートリアル』[7] から引き続き本書の文章・サンプルコードが初学者にも分かりやすいかという観点で丁寧にレビューしていただきました．

　　奥田継範さん (rakuda)：https://www.kaggle.com/rakuda1007
　　あおもみさん (Momijiaoi)：https://www.kaggle.com/sorataro

　心よりお礼申し上げます．

索 引

英字

Adversarial Example 125
Age 63
Bag of Words 133, 186
BERT 137, 139
Cabin 67
CIFAR10 ....128, 183
Code Competitions 145
Competitions 22
Contributor 14
Copy and Edit 31
Cross Validation 96, 100, 174
CV スコア 98
Datasets 15
Discussion 15, 24, 151
Docker 5, 31, 154
early stopping 84
Embarked 68
Expert 14
Fare 65
fold 98
f 文字列 177
GAN 126
GPU 28, 130, 131, 145, 153
Grandmaster 14
Kaggle API 47
Kaggle Tokyo Meetup 156
kaggler-ja slack 155
kaggler-ja wiki 155
KFold 97, 99, 177
Leaderboard 24, 45
LightGBM 82, 83, 87, 90, 93, 170
Master 14
matplotlib.pyplot 167
Name 68
Notebooks 15, 24, 27, 148, 152
Novice 14

NumPy 51
One-Hot エンコーディング 62
Optuna 92, 172
Out-of-fold 98
Overview 24, 61
Pandas 51
Pandas Profiling 60, 167
Parch 65
Pclass 66
Private Leaderboard 45, 95, 96, 100, 105, 150
Private Sharing 23
Prizes 25
Public Leaderboard......45, 95, 96, 105, 111, 150
PyTorch 182
seaborn 167
Seed Averaging 151
Sex 66
SibSp 64
SIFT 130
SIGNATE 16
sklearn 82, 170
StratifiedKFold 100, 177
submit 13, 41, 46, 47, 56, 167
Survived 60, 63, 68
SWEM-max 136
Team 26
TF-IDF 134, 186
Ticket 67
Timeline 25
Variables 63
Word2vec 135, 138, 187
XLNet 137, 139

あ行

アンサンブル 107, 151, 178
インデクシング 166

か行

過学習 84, 95
学習用データセット 96
学習率 90
画像データ 122, 182
カテゴリ変数 61, 62, 85
機械学習アルゴリズム 18, 56, 166
強化学習 17, 19
教師あり学習 17
教師なし学習 17, 19
クラウド 153
欠損値 55, 76, 120, 164, 165
決定木 83
検出 123
検証用データセット 96
交差検証 96, 174
勾配ブースティング 82, 84, 86, 87, 93, 170

さ行

質的変数 61
称号 14
真偽値 61
セグメンテーション 124

た行

探索的データ分析 60
チームマージ 23, 25, 112
テキストデータ 132, 185
特徴量エンジニアリング 53, 62, 76, 79, 80, 164
特徴量の標準化 54, 87
ドメイン知識 59, 80

な行

ニューラルネットワーク 82, 123, 126, 130, 137

は行

ハイパーパラメータ 56, 89, 151, 172
引数 164
複数テーブル 117, 180
分類 123
ベンチマーク 149
ホールドアウト検証 96

ま行

メダル 14, 143
目的変数 60, 68

ら行

ランダムフォレスト 82, 170
リスト 164
リスト内包表記 187
量的変数 61
ロジスティック回帰 56, 166

著者紹介

石原祥太郎（いしはらしょうたろう）

2017 年 東京大学工学部システム創成学科卒業
現　在 株式会社 日本経済新聞社でデータ分析に従事

村田秀樹（むらたひでき）

2004 年 北海道大学理学部数学科卒業
2018 年 専業 Kaggler としての活動を開始
2020 年 専業 Kaggler としての活動を終了
2022 年 Kaggle Grandmaster の称号を獲得
現　在 広告代理店で AI エンジニアとして勤務

NDC007　　　　191p　　　　24cm

実践 Data Science シリーズ（じっせんデータサイエンス）

Python（パイソン）ではじめる Kaggle（カグル）スタートブック

2020 年 3 月 17日　第 1 刷発行
2024 年 4 月 4日　第 6 刷発行

著　者　　石原祥太郎（いしはらしょうたろう）・村田秀樹（むらたひでき）
発行者　　森田浩章
発行所　　株式会社　講談社
　　　　　〒112-8001　東京都文京区音羽 2-12-21
　　　　　　販　売　(03) 5395-4415
　　　　　　業　務　(03) 5395-3615
編　集　　株式会社　講談社サイエンティフィク
　　　　　代表　堀越俊一
　　　　　〒162-0825　東京都新宿区神楽坂 2-14　ノービィビル
　　　　　　編　集　(03) 3235-3701
本文データ制作　株式会社トップスタジオ
印刷・製本　株式会社 Ｋ Ｐ Ｓ プロダクツ

KODANSHA